アクティブ・ラーニングをサポートする！

学校図書館 活用プロジェクト
掲示ポスター&ポイントシート事典

井上 一郎 編著／古川 元視 著

明治図書

まえがき

　本書は,「学校図書館活用プロジェクト」の展開として,学校図書館活用を促すために,そのモデルとなる学校図書館掲示ポスター&活用ポイントシートを示したものです。先に刊行した児童・生徒にとって活用しやすく,読解力・読書力を向上させる学校図書館の改造方法を提案した『学校図書館改造プロジェクト』(井上一郎編著,明治図書,2013年)の第2弾となります。学校図書館を改造し,今度はどのように活用すべきかを具体化する企図をもって次のように編集しています。

(1) 学校図書館を活用するために必要なポスター&ポイントシートのモデルを示し,次のような内容で編集しています。
　① 学校図書館の利用の方法-「学校図書館を活用しよう」
　② 本を利用した調べ方・伝え方の方法-「調べて発表しよう」
　③ 本の楽しみ方や読み方の方法-「本を読もう　楽しもう」
　④ 必読書を用いた読書活動及びリスト例-「読書活動　必読書をステージ別で読んでいこう」
(2) 図解したポスター&ポイントシートは,次のような役割と活用を可能にする内容とする。
　① 学校図書館の掲示ポスターとして活用する。
　② 児童・生徒が学習を進める時に,必要な汎用的内容のポイントシートとして配布する教材開発の参考にする。
　③ 児童・生徒に対する指導テキストとして活用する。
　④ ハンドブックとして綴じて配布する。
　⑤ ステージごとに目標となる本を読破してステップアップする目標読書としての「ステージ読書」を支援するブックリストの実例として提供し,各学校や教室での編集の参考とする。

　「幼稚園,小学校,中学校,高等学校及び特別支援学校の学習指導要領等の改善及び必要な方策等について(答申)」(中央教育審議会,平成28年12月21日)及び平成29年3月告示の学習指導要領では,「なにができるようになるか」という「育成すべき資質・能力」を目標として示し,その指導方法=学習方法として「どのように学ぶか」というアクティブ・ラーニングを展開するカリキュラム・マネジメントを求めました。このようなアクティブ・ラーニングの展開において最も重要な場が学校図書館です。学習空間は,教室から学校図書館,公共図書館,

博物館，美術館，公民館，各種資料館，地域社会等に拡大すべき時が来ています。さらには，必要な取材力として，インターネットで調べる，フィールドワークする，インタビューする等，学校以外の時間においても活動すべき時期が来ています。このような状況こそアクティブ・ラーニングのよい面を生かしていると言えましょう。実生活の中から単元が生まれ，単元を通して実生活を変えていくような「シームレスの学習」（縫い目のない連続的な学習）を目指すことが重要です。

学校図書館を施設面から改造する，本の配架及び選書を進める，司書を配置する，ＩＣＴと連携するといった改革は，広く見ればハード面の改革になります。ソフト面から見ると学校図書館をどのように活用するかという課題が残されています。いくら立派な施設や環境が整っても，活用しなければ意味がありません。そこで，すぐにも次のような取り組みを進めてもらいたいと考えています。

大きく考えると，二つあります。第一は，学校図書館という空間を利用した「学校図書館で行う授業」（図書館授業）の展開です。学校図書館は，本の貸借のみならず，大きな机と豊富な図書資料，実物，ＩＣＴといったよい環境が広がっています。アクティブ・ラーニングを行うためには，こんなよい空間は学校の中では他にありません。学級担任，学校司書，司書教諭が連携し合い，効果的な授業を行うことで知識・技能の飛躍的な向上が学力向上につながることが期待されます。

第二は，児童・生徒がアクティブ・ラーニングを行うためには，利用指導が不可欠です。ただ，利用の仕方や貸借の方法等をガイダンスするだけでは，児童一人一人の日常的な学習活動をサポートするのは難しいでしょう。ポイントシートをまとめた「学校図書館ハンドブック」をいつも手元に持ち，たえず参考にしながら，アクティブ・ラーニングすることが可能となるように教材開発することが必要となってくるのです。また，どの子も基本図書を知り，読破する目標を定め，文化的にも知識的にも読書水準を安定させることが，不読者をなくしていく契機となるはずです。

第一については，『学校図書館改造プロジェクト』において，「学校図書館を使いこなす！教科別授業アイデア」を提案しています。各教科等を網羅し，教室で，学校図書館で本を活用するアイデアと単元構想を行っています。本書は，第二の課題について，学習者の立場に立って教材開発したものということになります。実際に，一つの小学校で配布し，活用の様子と成果を考察した上で本書の効果と意義を深めて刊行することにしました。教師が本書を参考に教材開発する時のイメージ化に役立つようにビジュアルなポイントシートを具現しています。

既に，学習者が「何ができるようになるか」という視点からワークシート集『小学校国語

まえがき

「汎用的能力」を高める！アクティブ・ラーニングサポートワーク』（明治図書，2015年）と，ポイントシート集『アクティブ・ラーニングをサポートする！小学校教室掲示ポスター＆言語能力アップシート事典』（明治図書，2017年）を刊行しています。本書とともに3冊の本を活用し，アクティブ・ラーニングの実現に取り組んでほしいと願っています。なお，読書量を劇的に向上させる目標読書の一つのプログラムとして『ブックウォークで子どもが変わる』（井上一郎編，明治図書，2005年）も刊行していますので，展開方法やワークシートを参考にし，読書量アップに役立ててください。

　本書は，井上が編集企画，趣旨の構想，ポスター＆ポイントシートの内容の構想を行い，古川元視が実際に取り上げるポスター＆ポイントシートの原案及びデザイン化を行うようにして共同執筆しました。まえがき及び序章は井上が，実際の活用法は古川が執筆しました。配布して試行した内容を基盤に，刊行に合わせ，新学習指導要領の考え方や内容，今後必要な21世紀の学力に応じられるような内容へと高めていきました。刊行にあたっては，明治図書編集部木山麻衣子編集長，奥野仁美氏にお世話になりました。記して謝意を表します。

　2017年5月

井上一郎

Contents

まえがき　3

序章
学校図書館掲示ポスター＆活用ポイントシートでアクティブ・ラーニングを支える！

1．学校図書館の課題と活用プロジェクト　10
2．学校図書館掲示ポスター＆活用ポイントシートの構成と内容　19
3．活用ポイントシートにも使える学校図書館掲示ポスターの活用法　23

第1章
学校図書館を活用しよう！学校図書館掲示ポスター＆活用ポイントシート

1．「学校図書館を活用しよう」ハンドブックの表紙・目次の使い方　26
　1　「学校図書館を活用しよう」ハンドブック・表紙　27
　2　「学校図書館を活用しよう」ハンドブック・目次　28
2．「学校図書館ってどうやって使うの」の使い方　30
　1　学校図書館へようこそ！　31
　2　学校図書館のきまり　32
　3　本の借り方・返し方　33
　4　学校図書館の案内地図　34
　5　本の置き方・並べ方　35
　6　スペースやコーナーを活用しよう　36
3．「本の使い方を知ろう」の使い方　37
　1　本の部分の名前を知っているかな　38
　2　表紙には何が書いてあるの　39
　3　目次をどうやって使うの　40
　4　「本の使い方」（凡例）の使い方を知ろう　41
　5　索引でも調べられるよ　42
　6　奥付ってどこにあるの　43

第2章
調べて発表しよう！学校図書館掲示ポスター&活用ポイントシート

1. 「調べて発表しよう」ハンドブックの表紙・目次の使い方　44
   1. 「調べて発表しよう」ハンドブック・表紙　45
   2. 「調べて発表しよう」ハンドブック・目次　46
2. 「どのように調べたらいいのかな」の使い方　49
   1. どのように調べたらいいのかな　50
3. 「課題を決めて調べていこう」の使い方　51
   1. 課題を設定しよう　52
   2. 調べて伝える計画を立てよう　53
   3. どんな所で調べたらいいの―学校図書館・公共図書館・本屋さん・文化センター　54
   4. 調べるために学校図書館へ行こう　55
   5. わからないことは，まずこれで―辞典・事典・図鑑　56
   6. 新聞の記事を活用して考えよう　57
   7. インターネットを役立てよう　58
   8. 本や資料以外でも調べられるよ
      ―電話・ファックス・アンケート・実験・観察・インタビュー・実際に行って　59
4. 「調べたことをまとめて発表しよう」の使い方　60
   1. 目的に合わせて要約をしよう　61
   2. 人の考えなどは引用しよう　62
   3. 調べたことを調査報告文にまとめよう　63
   4. 観察や実験をして，報告文を書こう　64
   5. リーフレットやパンフレットの作り方　65
   6. 新聞に編集しよう・学習新聞割付見本　66
   7. スピーチのための原稿はこれだ！　68
   8. プレゼンテーションの練習をしよう　69
   9. いろいろな発表や話し合いに挑戦しよう
      ―演じて説明する・実際に見せて説明する・パネルディスカッション・ポスターセッション　70

第3章 本を読もう 楽しもう！学校図書館掲示ポスター＆活用ポイントシート

1. 「本を読もう 楽しもう」ハンドブックの表紙・目次の使い方 71
   1. 「本を読もう 楽しもう」ハンドブック・表紙 72
   2. 「本を読もう 楽しもう」ハンドブック・目次 73
2. 「本を読む順序を知っているかな」の使い方 77
   1. 本を読む順序を知っているかな 78
3. 「本の種類に合わせて読み方を変えよう」の使い方 79
   1. 作者別・筆者別にこだわって読もう 80
   2. グレードに合った本を選ぼう（グレード別） 81
   3. 本の仲間に分けて（ジャンル別） 82
   4. シリーズで読むとおもしろい（シリーズ別） 83
   5. 編集の意図を考えて読もう―新書・電子書籍・全集・連載・名作選・文庫 84
   6. テーマは何だろう
      ―〇〇アルバム・〇〇ワールド・〇〇ランド・〇〇探検 85
4. 「文学は楽しい」の使い方 86
   1. イメージを広げて読んでいこう―物語・昔話・詩歌集 87
   2. ファンタジーの世界にひたろう―ファンタジー 88
   3. 豊かな表現を味わおう―物語・科学読み物・語彙集・表現集 89
5. 「調べて考えたことについて，深く読んでみよう」の使い方 90
   1. 人の生き方を学ぼう―伝記 91
   2. ガイドブックを活用しよう―ブックリスト・説明書・マニュアル・入門書 92
   3. 本の解説を手がかりにしよう―作品解説 93
   4. モデルを探そう―感想文集・意見文集 94
   5. 本を紹介したものを参考にしよう
      ―ブックガイド・ポスター・本の紹介リーフレット 95
   6. 筆者の体験と考えを結び付けて読もう―エッセイ 96
6. 「読み方を工夫しよう」の使い方 97
   1. 比べて読むとおもしろい―比べ読み・重ね読み 98
   2. 目標を決めてチャレンジしよう―ブックウォーク・読書マラソン 99
   3. 評価しながら考えて読もう 100
   4. 文章の原作・原本（底本）と比べて違いを見つけよう 101
   5. 表やグラフと本文を比べながら考えよう 102

6　速く読もう・予想して読もう　103
　7　疑問をもって読もう　104
　8　本を分析して読もう　105
　9　関係付けて読もう　106
7．「本を使っていろいろな活動をしよう」の使い方　107
　1　物語のあらすじのまとめ方　108
　2　登場人物を関係付けて　109
　3　作者ってどんな人？　110
　4　感想文って，このように書くんだよ―物語・科学読み物　111
　5　好きな本を紹介，推薦しよう―物語・科学読み物　112
　6　物語を読んで，楽しく表現しよう
　　　―人形劇・紙芝居・音読劇・ストリーテリング・読み聞かせ　113
　7　わくわくする読書活動―ブックトーク・説明会・読書クラブ・読書イベント　114

第４章
読書活動　必読書をステージ別で読んでいこう！学校図書館掲示ポスター＆活用ポイントシート

1．「読書活動　必読書をステージ別で読んでいこう」の使い方　115
　1　「読書活動　必読書をステージ別で読んでいこう」ハンドブック・表紙　116
　2　「読書活動　必読書をステージ別で読んでいこう」ハンドブック・目次　117
　3　ステージ別必読書①　118
　4　ステージ別必読書②　119
　5　ステージ別必読書③　120
　6　ステージ別必読書④　121
　7　ステージ別必読書⑤　122
　8　ステージ別必読書⑥　123

〈参考資料〉
　1　「これからの学校図書館の整備充実について（報告）の概要」平成28年10月　124
　2　「学校図書館ガイドライン」平成28年11月　125
　3　「学校司書のモデルカリキュラム」平成28年11月　131
　4　平成29年版　小学校学習指導要領―読解力・学校図書館に関する能力抜粋　133

学校図書館掲示ポスター＆活用ポイントシートで
アクティブ・ラーニングを支える！　　　　　井上一郎

1．学校図書館の課題と活用プロジェクト

学校図書館活用の改革の歴史

　学校図書館について，国が講じてきた改善策は，時代に応じた課題を反映しています。そこで，課題を探るために，学校図書館をめぐる法令，答申，告示，報告書，通知等を先に見ておきましょう。

和暦年（西暦）	審議会答申・法案・通知・研究指定事業等
平成元年（1989）	○小学校学習指導要領平成元年文部省告示第24号 ○中学校学習指導要領平成元年文部省告示第25号
平成5年（1993）	○学校図書館図書標準の設定について（通知）文部省 ○学校図書館の現状に関する調査について（通知）（司書教諭発令の方式について）
平成7年（1995）	○児童生徒の読書に関する調査研究協力者会議報告 ○読書指導研究指定校　平成7年度〜
平成8年（1996）	○読書指導及び学校図書館の充実を求める（通知） ○「21世紀を展望した我が国の教育の在り方について（第一次答申）」 ○学校図書館活用指導者講座
平成9年（1997）	○学校図書館法の一部改正：平成15年4月から12学級以上の学校に司書教諭を必置。11学級以下の学校における配置の推進にも積極的に取り組むこと。司書教諭講習の実施機関の拡充。 ○「新たな時代に向けた教員養成の改善方策について（第1次答申）」
平成10年（1998）	○教育分野におけるインターネットの活用促進に関する懇談会（提言） ○学校図書館活用フォーラム　平成10年度〜 ○司書教諭講習等の改善方策について（報告） ○「新しい時代を拓く心を育てるために（答申）」 ○平成10年版学習指導要領告示
平成11年（1999）	○「学習の成果を幅広く生かす－生涯学習の成果を生かすための方策について（答申）」 ○平成11・12年度学校図書館ボランティア活用実践研究指定校事業 ○子ども読書年に関する決議
平成12年（2000）	○教育用コンピュータの整備について新整備計画　平成12〜17年度 ○平成12〜13年度生きる力をはぐくむ読書活動推進事業
平成13年（2001）	○平成13年度学校図書館資源共有型モデル地域事業 ○21世紀教育新生プラン

平成14年（2002）	○公立義務教育諸学校の学校図書館の整備について（通知） ○子どもの読書活動の推進に関する法律 ○文化芸術振興基本法（平成十三年法律第百四八号） ○確かな学力の向上のための2002アピール「学びのすすめ」 ○「新しい時代における教養教育の在り方について（答申）」 ○国際子ども図書館開館 ○子どもの読書活動の推進に関する基本的な計画
平成17年（2005）	○文字・活字文化振興法成立
平成20年（2008）	○「幼稚園，小学校，中学校，高等学校及び特別支援学校の学習指導要領等の改善について（答申）」（中央教育審議会） ○平成20年版学習指導要領告示
平成24年（2012）	○第４次学校図書館図書整備５か年計画 ・整備費－単年度約200億円，総額約1,000億円 ・新聞配備経費－単年度約15億円，総額約75億円の地方財政措置 ・学校司書の配置経費：毎年度約150億円の地方財政措置
平成26年（2014）	○学校図書館法の一部改正で学校司書の法制化，研修等の実施について，学校司書としての資格の在り方，その養成の在り方等について検討を行い，必要な措置を講ずると規定。
平成28年（2016）	○「これからの学校図書館の整備充実について（報告）」，「学校図書館の整備充実について（通知）」において，「学校図書館ガイドライン」，「学校司書のモデルカリキュラム」を作成，通達する。 ○「幼稚園，小学校，中学校，高等学校及び特別支援学校の学習指導要領等の改善及び必要な方策等について（答申）」（中央教育審議会）
平成29年（2017）	○平成29年版学習指導要領告示

　このような変遷を見ると，時代に応じてどのような学校課題があったのかを垣間見ることができます。学校図書館の施設及び図書の充実，司書教諭・司書の配置，子どもの読書活動の推進，子どもの読書実態調査，ＩＣＴとの関連付け，関係者の研修等，実に多くの課題に取り組んできたことが分かるのです。

読解力と学校図書館の課題―学校図書館ガイドラインの作成―

　では，これからの読解力育成及び学校図書館の運営に関して，現在の課題はどのようなことになるでしょうか。それには，国がまとめた「これからの学校図書館の整備充実について（報告）」及び「学校図書館ガイドライン」を見ると分かりやすいでしょう。報告書を受けてまとめられた「学校図書館ガイドライン」は，７つの柱とねらいをもとに作成されました。

① 学校図書館の目的・機能	○読書センター・学習センター・情報センターとしての機能
② 学校図書館の運営	○校長は学校図書館長としてリーダーシップを発揮，可能な限り開館
③ 学校図書館の利活用	○児童生徒の読書活動や学習活動を充実
④ 学校図書館に携わる教職員等	○司書教諭と学校司書の連携・協力
⑤ 学校図書館における図書館資料	○新たなニーズへの対応，調和のとれた蔵書構成，適切な廃棄・更新
⑥ 学校図書館の施設	○調べ学習等での利活用ができるよう施設を整備・改善
⑦ 学校図書館の評価	○外部の視点を取り入れ，評価結果等を公表

　学校図書館の活用のために今何が課題となるのか，柱に対応させて「課題の整理」をしておきます。（「学校図書館ガイドライン」本文は，参考資料として巻末に収録しています。）

「学校図書館ガイドライン」の考え方と読解力及び学校図書館の課題

① 　学校図書館の目的・機能
○読書センター・学習センター・情報センターとしての機能
【課題整理】　読書センター・学習センター・情報センターとしての機能を，新学習指導要領において求めた「育成すべき資質・能力」とそれらを具体化する「アクティブ・ラーニングとカリキュラム・マネジメント」の点から改革しなければなりません。ただ読書活動するだけとか，情報を駆使すると言いながら開いた本の内容を視写したり，自分の考えであるかのように引用したりする態度を改めさせなければなりません。学校図書館を利用するだけではアクティブ・ラーニングとは言えないのです。自らの課題解決のために，多様なテクスト（インターネット等のデジタルテクストを含む）を読解し，自らの考えをまとめ，他者に伝え交流する表現力を身に付けさせるように指導しなければならないのです。また，ICTの使用は，日本は依然不十分であり，学校図書館の利用とともに重要課題として残っています。

② 　学校図書館の運営
○校長は学校図書館長としてリーダーシップを発揮，可能な限り開館
【課題整理】　他の学校の学校図書館，公共図書館，博物館，公民館，地域社会等と密接に連携を図り，協力し合ったり，学びの場としての役割を果たす必要があります。施設内を本棚と学習机を整えただけの学校図書館では十分ではありません。学校図書館を改造し，利活用する年間指導計画，学校図書館活用計画等を構想しなければなりません。また，国語科，総合的学習，情報活用の場ぐらいにしか活用しないといった考えを克服できるようにカリキュラム・マネジメントが必要となります。そのために，児童生徒のニーズに合った，また各教科等及び教員の活動に合った運営を行わなければなりません。

③ 　学校図書館の利活用

○児童生徒の読書活動や学習活動を充実
【課題整理】　現在のように，本の貸借が中心の運営では不十分です。「学びの場」であるためには，学校図書館内においてグループ学習を進める場，静かに一人で読書にふける場等のメリハリをつけた改造プロジェクトによる改善が必要です。また，教室で行う授業のための学校図書館の活用とともに，学校図書館で行う「学校図書館授業」の展開も欠かせません。学校図書館の機能を十分働かせるためには，児童・生徒が学校図書館に行き，実際にアクティブ・ラーニングを行い，本を調べたり，読んだりするよさや楽しさ，能力向上の実感，さらには学校図書館という場＝学習空間の楽しさと意義を味わう必要があります。

④　学校図書館に携わる教職員等
○司書教諭と学校司書の連携・協力
【課題整理】　校長，教頭，教務主任，学校図書館担当主任，情報活用担当主任，学級担任，司書教諭，学校司書等多くの人々によって学校図書館は運営されています。これらの人々がどのように連携すべきかが今までも問われてきましたが，実態としては困難なことも多いのです。各教科等で活用しない，学校司書の身分が不安定だったり，専門的な知識・技能を高める機会に恵まれていない，授業に学校司書が関わりにくいなど多くの課題が残されています。特に，司書の問題は，今後の取り組みによって大きく改革されなければならない課題です。学校司書の配置は，増加傾向にあります。

・小学校→平成18年度から28年度までの10年間で32.9％から59.2％へ増加。
・中学校→平成18年度から28年度までの10年間で35.2％から58.2％へ増加。

　また，全国の小・中・高等学校における学校司書の人数を見ると，延べ約２万２千人以上（平成28年４月現在）配置されているようです。何よりもこれらの人々の身分の安定と，業務の蓄積による知識・技能の向上が可能な勤務実態を環境的につくっていく必要があります。学校図書館長としての校長の意識改革が欠かせないところでもあります。

⑤　学校図書館における図書館資料
○新たなニーズへの対応，調和のとれた蔵書構成，適切な廃棄・更新
【課題整理】　学校図書館で活用する資料には，図書資料の他，雑誌，新聞，視聴覚資料（CD,DVD等），電子資料（CD-ROM，ネットワーク情報資源〈ネットワークを介して得られる情報コンテンツ〉等），ファイル資料，パンフレット，自校独自の資料，模型等多様なテクストが含まれます。多様な図書を含む資料の充実を図ること，配架にもNDC以外に児童生徒のニーズに応じられるように工夫することを怠らないこと，図書館同士のネットワークを活用し相互に援助し合えるようにシステムを構築することなどが重要です。全国学力調査において図表等の非連続型テクストを読解する能力が低いという課題を考慮すると，多様な資料を準備すればするほど，学習者がそれらを読解する能力を高める必要性が一層緊急性を増すことにもなります。

⑥　学校図書館の施設
○調べ学習等での利活用ができるよう施設を整備・改善
【課題整理】　学校図書館において授業を行うことを前提に，施設を改善することが指摘されています。「これからの学校図書館には，主体的・対話的で深い学び（アクティブ・ラーニングの視点からの学び）を効果的に進める基盤としての役割も期待されており，例えば，児童生徒がグループ別の調べ学習等において，課題の発見・解決に向けて必要な資料・情報の活用を通じた学習活動等を行うことができるよう，学校図書館の施設を整備・改善していくことも求められる。」このような指摘を受けて，学校図書館全体の配置，配架を見直すことが必要です。

⑦　学校図書館の評価
○外部の視点を取り入れ，評価結果等を公表
【課題整理】　学校の立場（アウトプット，学校の成果），児童生徒の立場（アウトカム，児童生徒の成果）の両者から評価を行うようにすることが必要です。それらの具体化にあたって，各教科等での立場と各教科等を越えた内容の両面から考えること，さらには，知識・技能の理解度を高めることにとどまらず，育成すべき資質・能力から学ぶ力や思考力・判断力・表現力の評価も視野に入れて評価することが大切となってきます。

読解力と学校図書館の課題—中教審答申と学習指導要領改訂—

中教審答申においては，読解力に課題があることから，「受け身の読書体験」活動を「能動的な読書活動」にすること，教科等を越えた読解力の育成等を強く求めています。中教審答申の中から関連が深い指摘を見ておきます。

【中教審答申の要点】
①　学力に関する調査－自分の考えを述べたり，実験結果を分析して解釈・考察し説明したりすることなどについて課題。
②　コンピュータを用いたテスト－コンピュータを用いたテスト（ＣＢＴ）に全面移行する中で，子供たちが，紙ではないコンピュータ上の複数の画面から情報を取り出し，考察しながら解答することに慣れていない。
③　子どもたちの読書活動－受け身の読書体験にとどまっており，著者の考えや情報を読み解きながら自分の考えを形成していくという，能動的な読書になっていない。
④　教科等を越えた全ての学習の基盤として育まれ活用される資質・能力－様々な情報を理解して考えを形成し，文章等により表現していくために必要な読解力は，学習の基盤として時代を超えて常に重要なもの。全ての学習の基盤となる言語能力の育成を重視することが求められる。
【課題整理】　○読解力，言語能力に課題があることが繰り返し指摘され，「趣味のための読書にとどまらず，情報を主体的に読み解き，考えの形成に生かしていく読書（インタラクティ

ブ・リーディング）の重要性が指摘されているところである。」と述べているように，学習センター，読書センター，情報センターとしての機能を統合するような学校図書館の施設，運営，資料の充実を図っていく必要があります。多様なテクストになればなるほど，読解力の育成が強く求められます。

　このような多くの課題を克服するために，中教審答申と学習指導要領の改訂は，次に引用するように，アクティブ・ラーニングとカリキュラム・マネジメントの統合を図るように求めています。

> ○　次期学習指導要領が目指すのは，学習の内容と方法の両方を重視し，子供たちの学びの過程を質的に高めていくことである。単元や題材のまとまりの中で，子供たちが「何ができるようになるか」を明確にしながら，「何を学ぶか」という学習内容と，「どのように学ぶか」という学びの過程を，前項（２）において述べた「カリキュラム・マネジメント」を通じて組み立てていくことが重要になる。
> ○　今回の改訂において提起された「アクティブ・ラーニング」と「カリキュラム・マネジメント」は，教育課程を軸にしながら，授業，学校の組織や経営の改善などを行うためのものであり，両者は一体として捉えてこそ学校全体の機能を強化することができる。
>
> （中教審答申：26頁）

　このようなアクティブ・ラーニングとカリキュラム・マネジメントを展開するためには，多様な資料を選択すること，それらに基づいて自らの考えをまとめる読解力，言語能力が欠かせません。だから，「読解力は，学習の基盤として時代を超えて常に重要なもの。全ての学習の基盤となる言語能力の育成を重視する」（中教審答申）ことを指摘しているのもうなずけるのです。また，「育成を目指す資質・能力の具体例」にも，次のような言及があります。

> ・　例えば国語力，数学力などのように，伝統的な教科等の枠組みを踏まえながら，社会の中で活用できる力としての在り方について論じているもの。
> ・　例えば言語能力や情報活用能力などのように，教科等を越えた全ての学習の基盤として育まれ活用される力について論じているもの。
>
> （中教審答申：27頁）

　図書の利活用は，国語力，言語能力，情報活用能力等の教科を越えた学習の基盤である重要な能力であることを指摘しているのです。学校図書館の利活用は，これらに貢献する重要な役割を果たします。

　したがって，今まで述べた学校図書館の整備充実，中教審答申の考え方を踏まえて改訂された学習指導要領（平成29年３月告示）は，読書活動や学校図書館の利活用を強く求めたものと

なっています。小学校総則においては、アクティブ・ラーニングとの関連から、次のようなことを求めています。

> ○ 各種の統計資料や新聞、視聴覚教材や教育機器などの教材・教具の適切な活用を図ること。
> ○ 学校図書館を計画的に利用しその機能の活用を図り、児童の主体的・対話的で深い学びの実現に向けた授業改善に生かすとともに、児童の自主的、自発的な学習活動や読書活動を充実すること。
> ○ 地域の図書館や博物館、美術館、劇場、音楽堂等の施設の活用を積極的に図り、資料を活用した情報の収集や鑑賞等の学習活動を充実すること。

整理すると、重視していることがよく分かります。
(1) 各教科等すべてにおいて多様な「テクスト」の活用
(2) 学校図書館を計画的に利用し、主体的・対話的で深い学びを行う授業改善
(3) 自主的・自発的な学習活動、読書活動の充実
(4) 図書館、博物館、美術館、劇場、音楽堂等の施設との連携と活用

また、各教科等の中でも重要な指摘があります。ここでは、国語科の内容を見ておきましょう。小学校の教科目標は、次のように示しています。

〔第1学年及び第2学年〕	〔第3学年及び第4学年〕	〔第5学年及び第6学年〕
(3) 言葉がもつよさを感じるとともに、楽しんで読書をし、国語を大切にして、思いや考えを伝え合おうとする態度を養う。	(3) 言葉がもつよさに気付くとともに、幅広く読書をし、国語を大切にして、思いや考えを伝え合おうとする態度を養う。	(3) 言葉がもつよさを認識するとともに、進んで読書をし、国語の大切さを自覚して、思いや考えを伝え合おうとする態度を養う。

読書に関して「楽しんで読書」→「幅広く読書」→「進んで読書」と系統化しています。また、「内容」及び取扱いでは、取り上げる教材や読解力の育成に関連付けて示しています。

〔知識及び技能〕	(3) 我が国の言語文化に関する次の事項を身に付けることができるよう指導する。		
	エ 読書に親しみ、いろいろな本があることを知ること。	オ 幅広く読書に親しみ、読書が、必要な知識や情報を得ることに役立つことに気付くこと。	オ 日常的に読書に親しみ、読書が、自分の考えを広げることに役立つことに気付くこと。
〔思考力、判断力、表現力等〕	C読むこと (2) (1)に示す事項については、例えば、次のような言語活動を通して指導するものとする。		

	ウ 学校図書館などを利用し，図鑑や科学的なことについて書いた本などを読み，分かったことなどを説明する活動。	ウ 学校図書館などを利用し，事典や図鑑などから情報を得て，分かったことなどをまとめて説明する活動。	ウ 学校図書館などを利用し，複数の本や新聞などを活用して，調べたり考えたりしたことを報告する活動。
第3 指導計画の作成と内容の取扱い	1 指導計画の作成に当たっては，次の事項に配慮するものとする。		
	(6) 第2の第1学年及び第2学年の内容の〔知識及び技能〕の(3)のエ，第3学年及び第4学年，第5学年及び第6学年の内容の〔知識及び技能〕の(3)のオ及び各学年の内容の〔思考力，判断力，表現力等〕の「C読むこと」に関する指導については，読書意欲を高め，日常生活において読書活動を活発に行うようにするとともに，他教科等の学習における読書の指導や学校図書館における指導との関連を考えて行うこと。		
	2 第2の内容の取扱いについては，次の事項に配慮するものとする。		
	(3) 第2の内容の指導に当たっては，学校図書館などを目的をもって計画的に利用しその機能の活用を図るようにすること。その際，本などの種類や配置，探し方について指導するなど，児童が必要な本などを選ぶことができるよう配慮すること。なお，児童が読む図書については，人間形成のため偏りがないよう配慮して選定すること。		
	3 教材については，次の事項に留意するものとする。		
	(1) 教材は，第2の各学年の目標及び内容に示す資質・能力を偏りなく養うことや読書に親しむ態度の育成を通して読書習慣を形成することをねらいとし，児童の発達の段階に即して適切な話題や題材を精選して調和的に取り上げること。		

ここでは，次のことを重視しています。
(1) 読書の意義（機能）の理解
(2) 学校図書館で調べたことを説明，報告すること
(3) 国語と他教科の読書活動との連携
(4) 学校図書館の計画的利用と利活用の仕方の指導
(5) 読書習慣の形成
(6) バランスのよい多様な本の選択

中学校国語でも同様です。各学年目標の中で「進んで読書」→「読書を生活に役立て」→「読書を通して自己を向上」と系統化しています。読書の意義として「オ 読書が，知識や情報を得たり，自分の考えを広げたりすることに役立つことを理解すること。」，言語活動例として，「ウ 学校図書館などを利用し，多様な情報を得て，考えたことなどを報告したり資料にまとめたりする活動。」のように，小学校と同様に各学年で示しています。

国語科以外でも指摘があります。例えば，次のようです。

> ○ 社会科―「調査活動，地図帳や各種の具体的資料を通して，必要な情報を調べまとめる技能を身に付けるようにする」ために，「(2) 学校図書館や公共図書館，コンピュータなどを活用して，情報の収集やまとめなどを行うようにすること。また，全ての学年において，地図帳を活用すること。」「(3) 博物館や資料館などの施設の活用を図るとともに，身近な地域及び国土の遺跡や文化財などについての調査活動を取り入れるようにすること。」
> ○ 総合的な学習活動―「(7) 学校図書館の活用，他の学校との連携，公民館，図書館，博物館等の社会教育施設や社会教育関係団体等の各種団体との連携，地域の教材や学習環境の積極的な活用などの工夫を行うこと。」
> ○ 特別活動―2 内容 ウ 主体的な学習態度の形成と学校図書館等の活用「学ぶことの意義や現在及び将来の学習と自己実現とのつながりを考えたり，自主的に学習する場としての学校図書館等を活用したりしながら，学習の見通しを立て，振り返ること。」

重点化すべき二つの課題―アクティブ・ラーニングの実現に向けて

　多様な課題と取り組みの必要性について見てきました。これからは，アクティブ・ラーニングとカリキュラム・マネジメントを統合的に考えることになります。さて，いよいよ何から着手するかと考えた時，読解力の育成及び学校図書館の運営の取り組みは，次の二つのことに重点化するとよいでしょう。

　第一は，学校図書館という空間を利用した「学校図書館で行う授業」（図書館授業）の展開です。学校図書館は，本の貸借のみならず，大きな机と豊富な図書及びその他の資料，実物，ＰＣといったよい環境が広がっています。アクティブ・ラーニングを行うためには，こんなよい空間は学校の中では他にありません。学級担任，司書教諭，学校司書が連携し合い，効果的な授業を行うことで知識・技能の飛躍的な学力向上につながることが期待されます。『学校図書館改造プロジェクト』において，「学校図書館を使いこなす！　教科別授業アイデア」を提案したのはそのためでもあります。各教科等を網羅し，教室で，学校図書館で本を活用するアイデアと単元構想を行っていますので参考にしてください。

　第二は，児童・生徒がアクティブ・ラーニングを行うためには，利用指導が不可欠です。しかし，従来のように，導入で利用の仕方や貸借の方法等をガイダンスするだけでは，児童一人一人の日常的な学習活動をサポートするのは難しいでしょう。手元に「学校図書館ハンドブック」を持ち，たえず参考にしながらアクティブ・ラーニングすることが可能となるように教材開発することが必要となってきます。また，どの子も基本図書を知り，読破する目標を定め，文化的にも知識的にも読書水準を安定させることが不読者をなくす契機となります。

2．学校図書館掲示ポスター＆活用ポイントシートの構成と内容

　本書は，アクティブ・ラーニングによる学校図書館活用の学習者の立場に立って，学校図書館を利活用するポスター＆ポイントシート（ポイントを図解し編集）とブックガイドを編集しました。ハンドブックに編集する時の参考となるように表紙等も添付しています。実際のポスター＆ポイントシートのタイトルと，取り立てるべき能力一覧として提案したものは，次のようです。

ポスター＆ポイントシートのタイトル	必要な能力一覧
第1章　学校図書館を活用しよう！　学校図書館掲示ポスター＆活用ポイントシート	学校図書館及び本の利活用に必要な知識・技能
2-1　学校図書館へようこそ！ 2-2　学校図書館のきまり 2-3　本の借り方・返し方 2-4　学校図書館の案内地図 2-5　本の置き方・並べ方 2-6　スペースやコーナーを活用しよう 3-1　本の部分の名前を知っているかな 3-2　表紙には何が書いてあるの 3-3　目次をどうやって使うの 3-4　「本の使い方」（凡例）の使い方を知ろう 3-5　索引でも調べられるよ 3-6　奥付ってどこにあるの	学校図書館の目的，役割等 本の扱い方，借り方，マナー等 本の貸借方法 学校図書館の案内地図 十進分類法（NDC）の児童用表記 館内の多様なコーナーの活用法 本の構成要素や活用法 表紙の構成要素と活用法 目次の種類と活用法 本の凡例（「本の使い方」）の活用法 索引の種類と活用法 奥付の活用法（出典の明示に重要）
第2章　調べて発表しよう！　学校図書館掲示ポスター＆活用ポイントシート	調査学習のプロセス及びそれらに応じて必要な能力
2-1　どのように調べたらいいのかな 3-1　課題を設定しよう 3-2　調べて伝える計画を立てよう 3-3　どんな所で調べたらいいの 　　　―学校図書館・公共図書館・本屋さん・文化センター 3-4　調べるために学校図書館へ行こう 3-5　わからないことは，まずこれで 　　　―辞典・事典・図鑑 3-6　新聞の記事を活用して考えよう 3-7　インターネットを役立てよう 3-8　本や資料以外でも調べられるよ	調査の学習過程のメタ認知と方法 学習課題の例示による設定力 調査計画（学習計画）表の立て方 調べるための本がある施設の例示 各施設での本の探し方と活用法 辞典，事典，図鑑等の参考書の意義 新聞記事の編集の多様性と活用法 インターネットの活用法と注意点 多様な調査方法の例示

	―電話・ファックス・アンケート・実験・観察・インタビュー・実際に行って	
4-1	目的に合わせて要約をしよう	要約方法と紹介文での事例
4-2	人の考えなどは引用しよう	引用の必要性と方法
4-3	調べたことを調査報告文にまとめよう	調査報告文の書き方
4-4	観察や実験をして，報告文を書こう	調査報告文の書き方の事例とポイント
4-5	リーフレットやパンフレットの作り方	リーフレット・パンフレットの作り方
4-6	新聞に編集しよう・学習新聞割付見本	新聞のレイアウト及びポイント 学習新聞の割付見本
4-7	スピーチのための原稿はこれだ！	スピーチ原稿の書き方と事例
4-8	プレゼンテーションの練習をしよう	プレゼンテーションの手順とポイント
4-9	いろいろな発表や話し合いに挑戦しよう ―演じて説明する・実際に見せて説明する・パネルディスカッション・ポスターセッション	プレゼンテーションの方法と討論会形式の多様化
第3章 本を読もう 楽しもう！ 学校図書館掲示ポスター＆活用ポイントシート		多様な本の世界への誘い，多様なリーディング・アクティビティやリーディング・ストラテジーの知識・技能
2-1	本を読む順序を知っているかな	目的に合わせた本を読む順序のメタ認知
3-1	作者別・筆者別にこだわって読もう	作者・筆者別にこだわった読み方
3-2	グレードに合った本を選ぼう（グレード別）	年齢や学年に合わせた読み方
3-3	本の仲間に分けて（ジャンル別）	文学・科学読み物のジャンル別読み方
3-4	シリーズで読むとおもしろい（シリーズ別）	シリーズで読む楽しさのメタ認知
3-5	編集の意図を考えて読もう―新書・電子書籍・全集・連載・名作選・文庫	編集による本の相違に着目した読む方法
3-6	テーマは何だろう ―○○アルバム・○○ワールド・○○ランド・○○探検	「～ワールド」「～アルバム」等編集方針に着目した読み方
4-1	イメージを広げて読んでいこう ―物語・昔話・詩歌集	イメージ豊かに想像して読む方法
4-2	ファンタジーの世界にひたろう ―ファンタジー	ファンタジーの本の世界への誘い
4-3	豊かな表現を味わおう ―物語・科学読み物・語彙集・表現集	レトリックの種類と表現集の例示

5-1	人の生き方を学ぼう―伝記	自伝，評伝等の伝記の本の世界の紹介
5-2	ガイドブックを活用しよう ―ブックリスト・説明書・マニュアル・入門書	ブックリスト，マニュアル等のガイドブックの活用法
5-3	本の解説を手がかりにしよう ―作品解説	本に収録されている解説文の活用法
5-4	モデルを探そう ―感想文集・意見文集	モデル文としての感想文，意見文集の活用法
5-5	本を紹介したものを参考にしよう ―ブックガイド・ポスター・本の紹介リーフレット	本を紹介した多様な資料のメタ認知
5-6	筆者の体験と考えを結び付けて読もう ―エッセイ	随筆の紹介と読み方
6-1	比べて読むとおもしろい ―比べ読み・重ね読み	比べ読みと重ね読み等のポイント
6-2	目標を決めてチャレンジしよう ―ブックウォーク・読書マラソン	読書生活を豊かにする目標読書の方法
6-3	評価しながら考えて読もう	観点を明確にした評価して読む方法
6-4	文章の原作・原本（底本）と比べて違いを見つけよう	原作と収録した本の工夫や脚色を比べて読む方法
6-5	表やグラフと本文を比べながら考えよう	表・グラフの読み方及び本文との照合の方法
6-6	速く読もう・予想して読もう	速読及び予想して読む方法
6-7	疑問をもって読もう	疑問をもって読む読み方のポイント
6-8	本を分析して読もう	目的に応じた本を分析する読み方
6-9	関係付けて読もう	本を深く読むために関連付けて読む方法
7-1	物語のあらすじのまとめ方	物語のあらすじのまとめ方の例示
7-2	登場人物を関係付けて	物語の登場人物の相関関係の把握の方法
7-3	作者ってどんな人？	物語の作者にこだわって読む読み方
7-4	感想文って，このように書くんだよ ―物語・科学読み物	読書感想文の構成要素と書き方のポイント
7-5	好きな本を紹介，推薦しよう ―物語・科学読み物	本の紹介と推薦の方法のポイント
7-6	物語を読んで，楽しく表現しよう ―人形劇・紙芝居・音読劇・ストーリーテリング・読み聞かせ	物語を読んで行う表現活動の種類とポイント
7-7	わくわくする読書活動 ―ブックトーク・説明会・読書クラブ・読書イベント	本の読書後，本を巡って議論する形式の種類

第4章 読書活動 必読書をステージ別で読んでいこう！ 学校図書館掲示ポスター＆活用ポイントシート	必読書の選定基準及びステージ別のモデル
サポートパンフレット 「読書活動　必読書をステージ別で読んでいこう」の使い方 ステージ別必読書①～⑥ ※これらの基準は，本の世界がどのようであるのかを理解できるように配慮したものです。基礎・基本となるものに出合い，その後の読書生活を高められるように期待して基準設定しています。 ※なお，ブックリスト選定にあたっては，私が委員長として支援した芦屋市読書活動推進事業のブックリスト『ブックワーム芦屋っ子　本が大好き　読みたいな』（2009年），編集者として選定した学習研究社のブックリスト「活用力をつける150冊の本」（2009年）において構想した選定基準をもとに整理しています。	【選定基準】 ①　絵本，単行本，図鑑等，本の作り方の多様性に気付くことができる本。 ②　児童文学の歴史に基づいて文章史，文学史として重要な本。 ③　文学と科学読み物の特徴がよく分かる本。 ④　児童・生徒の心を豊かにする本。 ⑤　ステージに基づく難易度を考慮した系統化を可能にする本。 ⑥　ファンタジー，シリーズ，伝記，エッセイ，古典等，文章としても，内容的にも多様性のある本。

　このような多様な知識・技能と活用能力がアクティブ・ラーニングを具現する前提となります。基本となる能力がどのようなものか，一覧を通じて理解するとともに各学校での参考にしてください。これらに基づいて，学校図書館で実際に課題解決しながら「できるようになる」まで努力を続けることが大切です。

　なお，本書の巻末に，学習図書館活用の考え方のもとになる国の動向を知るための参考資料を収録しています。これらを参照して本書を活用してください。

〈参考資料〉１　「これからの学校図書館の整備充実について（報告）の概要」
〈参考資料〉２　「学校図書館ガイドライン」
〈参考資料〉３　「学校司書のモデルカリキュラム」
〈参考資料〉４　「平成29年版　小学校学習指導要領―読解力・学校図書館に関する能力抜粋
　　　　　　　　（※この抜粋は，井上が整理して作成したものです）

3．活用ポイントシートにも使える学校図書館掲示ポスターの活用法

古川元視

　それでは，実際にどのような活用法が考えられるのかを示しておきましょう。主には，次のようなことに活用できます。

(1) 学校図書館においてアクティブ・ラーニングを展開するために取り上げる基本的な能力一覧の参考にする。
(2) 学校図書館の利活用のための入門書，ポスター等としての教材開発の参考にする。
(3) 学校図書館の利活用の指導を行う時の教師用のポイント集として活用する。
(4) ステージ別読書活動，授業と関連した読書活動のアイデア，課題図書の選定基準等の参考にする。

　次に，各章ごとの活用法をまとめておきます。

第1章　学校図書館を活用しよう！
　　　　学校図書館掲示ポスター＆活用ポイントシート

　4月になると，どの学校でも，「学校図書館の使い方」についてオリエンテーションを行うことでしょう。オリエンテーションでは，「学校図書館の目的」「学校図書館のきまり」「学校図書館の本の借り方や返し方」「学校図書館の本の並べ方」などについて説明すると思います。オリエンテーションの時に，「このような内容で説明をするといいですね。」と参考になるように本章を構成しています。

　本章を参考に各学校で作成されたポイントシートは，子どもに配布するだけではなく，拡大し，年間を通して学校図書館に掲示することもできます。「学校図書館の活用の仕方」など，基本的な学校図書館の使い方についてのポスターは，カウンターの背面にまとめて掲示するなど，子どもが一目で分かるような掲示の工夫をするとよいでしょう。本を読んだり調べたりする時に必要な本についての基本的な知識なども，コーナーを作成しまとめて掲示しておくと，学校図書館で授業を行う時などに，子どもが参考にしやすいでしょう。

第2章　調べて発表しよう！
　　　　学校図書館掲示ポスター＆活用ポイントシート

　子どもが，学校図書館で，本や資料などを使って課題を解決する時に，どのようにして本や資料で調べたらよいのか，また，どのようにしてまとめたらよいのか分からないでいることがあると思います。そのような時に，本章を参考にしてください。課題を解決する時には，「課題を決める」→「計画を立てる」→「本などで調べる」→「調べたことをまとめる」→「発表する」というプロセスを辿ります。そのプロセスに沿って，「課題を決めて調べていこう」→

「調べたことをまとめて発表しよう」の大きく二つに分けて説明しています。

「課題を決めて調べていこう」では，「学校図書館で調べるためには」と「学校図書館の本や資料以外で調べるためには」で考えてみました。本章で示した以外にも，調べ方はあります。これらを参考にして，各学校で作成してください。

「調べたことをまとめて発表しよう」は，主なまとめ方と発表の仕方を紹介しています。これら以外にも，各教科等の指導内容や年間指導計画を見ながら，付加修正をしてください。

各学校で作成したポイントシートは，子どもに対する指導テキストとして活用ができます。拡大してポスターにして学校図書館や廊下などに掲示することもよいでしょう。また，内容によっては，理科室や総合的な学習の時間などの特別教室に掲示することもあるでしょう。

第3章　本を読もう　楽しもう！
学校図書館掲示ポスター＆活用ポイントシート

学校図書館には，多くのジャンルの本があります。しかし，子どもの選書の様子を見ると，偏った選書をしている子どもを多く見かけます。せっかく学校図書館があるのですから，多様な本や資料に出会わせたいものです。本によって読み方や楽しみ方も違ってきます。そのことも子どもが知っておくと便利です。本章は，学校図書館にある多様な本をどのように読んでいけばよいのかをまとめたものです。「本の種類に合わせて読み方を変えよう」「読み方を工夫しよう」「本を使っていろいろな活動をしよう」の三つに分けて説明をしています。

「本の種類に合わせて読み方を変えよう」では，「編集した人の気持ちにこたえて読んでみよう」と「本の世界は広いなあ」（「文学は楽しい」と「調べて考えたことについて，深く読んでみよう」）の大きく二つに分けました。これらの分け方を参考にして，学校図書館にはどんな本の種類があるのかを考えて，ポイントシートを作成しましょう。

「読み方を工夫しよう」では，本を読む時に，これぐらいの読み方を知っておいたほうがよいだろうという読み方を取り上げています。これらを参考にして，各学校の子どもの実態を考慮して，どんな読み方をマスターさせたいのかを考えてください。

「本を使っていろいろな活動をしよう」は，七つの活動を紹介しています。「物語のあらすじのまとめ方」「登場人物を関係付けて」「作者ってどんな人？」「感想文って，このように書くんだよ」「好きな本を紹介，推薦しよう」「物語を読んで，楽しく表現しよう」「わくわくする読書活動」といった内容は基本的なものですので，必修のように考え，さらに付加修正してください。

各学校で作成したポイントシートは，国語科はもちろん，社会科，生活科，理科，総合的な学習の時間，道徳，特別活動など各教科等で使用できます。実際の使い方としては，一冊のハンドブックとして印刷したものを配布し，必要に応じて説明していくことも考えられます。また，必要なポイントシートのみを配布し，クリアファイルに綴じていくことも考えられます。

1枚は授業で使うノートに貼り，もう1枚はクリアファイルに綴じていくという方法もあるでしょう。ポスターとして拡大をし，学校図書館，廊下，教室などに掲示することもできます。その際には，該当の本も併せて展示することを勧めます。

第4章　読書活動　必読書をステージ別で読んでいこう！
　　　　学校図書館掲示ポスター＆活用ポイントシート

本章は，従来各学校で，学年別に決まっている必読書をステージ別にしたらどうかという提案です。子どもによっては，自分の学年の必読書が難しいので，挑戦することすらしない子どもがいるのではないでしょうか。そこで，各学年の必読書を第6ステージまで決め，どのステージからも挑戦できるようにしました。1つのステージが終了すると，次のステージに挑戦できるようにもしました。学習指導要領も含め，児童文学史の観点や本の多様性を参考にして選書しています。これらを参考に，各学校で選書をしてくださることを願っています。

第①章 学校図書館を活用しよう！学校図書館掲示ポスター＆活用ポイントシート

　本章では，学校図書館の利活用について，三節に分けて構成しています。最初に，全体の表紙及び目次のモデルとなるシートを示し，次にポスター＆ポイントシートを各節に合わせて示しています。

1．「学校図書館を活用しよう」ハンドブックの表紙・目次の使い方

図書館掲示ポスター＆活用ポイントシートのねらい

　「学校図書館を活用しよう」のポスター＆ポイントシートは，学校図書館をみんなが楽しく使うために，児童が身に付けなければならないきまりや本を読むのに必要な基本的な知識などについて説明したものです。

内容と指導のポイント

　このポスター＆ポイントシートは，「学校図書館ってどうやって使うの」と「本の使い方を知ろう」の二つから成り立っています。

　年度当初に，学校図書館の使い方のオリエンテーションを担任や学校司書が行うでしょう。その際に，次ページからの27頁〜43頁までをハンドブックとして児童に配布をして活用することもできます。

1　「学校図書館を活用しよう」ハンドブック・表紙

　　これは，「学校図書館を活用しよう」（27頁〜43頁）を1冊に綴じてハンドブックとして児童に配布する時の表紙になります。表紙に必要な要素（小学校名，題名，学年学級名，児童名，年月日）を入れています。この他にも学校図書館キャラクターなどを入れるとさらに愛着が湧くことでしょう。

　　ハンドブックとして配布すると，学校図書館のオリエンテーションの時に，これを使って説明することができます。クリアファイルに1枚ずつ綴じると，毎年，ハンドブックを印刷して配布するのではなく，変更したページだけ差し替えて，毎年使うこともできます。

2　「学校図書館を活用しよう」ハンドブック・目次

　　ここは，「学校図書館を活用しよう」（27頁〜43頁）を1冊に綴じてハンドブックとして児童に配布する時の目次になります。表紙の次に綴じてください。

1　「学校図書館を活用しよう」ハンドブック・表紙

_____ 小学校

「学校図書館を活用しよう」
ハンドブック

ようこそ
学校図書館へ

年　　組

名前

平成　　年　　月

2　「学校図書館を活用しよう」ハンドブック・目次

「学校図書館を活用しよう」の使い方

「学校図書館を活用しよう」は、学校図書館の使い方や本の基本的な読み方を説明したものです。内容は、次のとおりです。

1　「学校図書館を活用しよう」ハンドブックの表紙・目次の使い方

1　「学校図書館を活用しよう」ハンドブック・表紙……………………………27
　「学校図書館を活用しよう」を作成する時に、表紙に使いましょう。
2　「学校図書館を活用しよう」ハンドブック・目次……………………………28

2　「学校図書館ってどうやって使うの」の使い方

1　学校図書館へようこそ！……………………………………………………31
　学校図書館でできることをまとめたページです。学校図書館の前面にはりましょう。
2　学校図書館のきまり…………………………………………………………32
　みんなで使う学校図書館です。みんなが気持ちよく使うためのきまりをまとめました。
3　本の借り方・返し方…………………………………………………………33
　学校図書館の本の借り方や返し方をまとめたページです。カウンターの後ろなど、わかりやすいところにはりましょう。
4　学校図書館の案内地図………………………………………………………34
　学校図書館には、どんな本がどこにあるのかをまとめた地図のページです。本を探す時には案内地図を見るといいですね。
5　本の置き方・並べ方…………………………………………………………35
　本を並べる時に使っている日本十進分類法（NDC）をまとめたページです。
6　スペースやコーナーを活用しよう……………………………………………36
　学校図書館にあるスペースやコーナーを説明したページです。

3 「本の使い方を知ろう」の使い方

1 本の部分の名前を知っているかな…………………………………………………38
　本の部分の名前をまとめたページです。

2 表紙には何が書いてあるの………………………………………………………39
　物語のなかまと科学読み物のなかまに分けて、表紙の読み方をまとめたページです。

3 目次をどうやって使うの……………………………………………………………40
　物語のなかまと科学読み物のなかまに分けて、目次の読み方をまとめたページです。

4 「本の使い方」（凡例）の使い方を知ろう…………………………………………41
　凡例の使い方です。凡例の意味、読み方、例をあげて説明したページです。

5 索引でも調べられるよ………………………………………………………………42
　索引の使い方を説明したページです。

6 奥付ってどこにあるの………………………………………………………………43
　奥付の意味や読み方を説明したページです。

2．「学校図書館ってどうやって使うの」の使い方

図書館掲示ポスター＆活用ポイントシートのねらい

「学校図書館ってどうやって使うの」のポスター＆ポイントシートは，学校図書館の目的，きまりなどを説明したものです。各学校において，年度当初に行うオリエンテーションの時に，最低限これだけは説明しましょうということを集めました。これらをポスターとして掲示する時には，カウンターの後ろの見えるところに掲示をするとよいでしょう。

内容と指導のポイント

このポスター＆ポイントシートは，「学校図書館ってどうやって使うの」と「本の使い方を知ろう」の二つを説明しています。「学校図書館ってどうやって使うの」では，学校図書館の目的，使い方のきまり，使いやすくするための工夫などについて説明をしています。4月の学校図書館の使い方のオリエンテーションの時に使ってください。

1　学校図書館へようこそ！

　　学校図書館は，読書センター，学習センター，情報センターとしての役割があります。その役割に照らして学校図書館でできることをまとめました。

2　学校図書館のきまり

　　学校図書館のきまりを「本の扱い方」「本を借りる時」「マナー」の三つに分けて説明しています。基本的なきまりです。これら以外にもあれば，追加をしてください。

3　本の借り方・返し方

　　本の借り方・返し方について，学校図書館で決まっている事柄をまとめてみました。「本の借り方・返し方」については，バーコードを使用している学校は，付加修正をしてください。「貸し出し時間」「貸し出し冊数」も書き換えてください。

4　学校図書館の案内地図

　　学校図書館の案内地図の例です。学校図書館の入り口付近に拡大して掲示をしましょう。この地図を手がかりに児童が本を探します。本の配架を変えたら，随時更新しましょう。

5　本の置き方・並べ方

　　学校図書館の本の置き方や並べ方は，日本十進分類法（NDC）とよばれ，十類に分類されています。それを児童向けに分かるような言葉で説明しています。

6　スペースやコーナーを活用しよう

　　学校図書館を一人で読みたい，情報を集めたいなどの目的によってスペースやコーナーを作りましょう。スペースやコーナーを作ることで，子どもの読書意欲が増します。

1 学校図書館へようこそ！

・学校図書館には、いろいろな本や資料などがあります。

・学校図書館で本や資料などを読んだり、借りたりできます。

・本や資料などで、調べたり、調べたことをまとめて発表したりできます。

・読書発表会、かみしばい、カルタ、読み聞かせ、DVDを見るなどもできます。

・授業で作成した紹介文やパンフレットなどの展示ができます。

学校図書館は、みんなが本を自由に楽しめる広場です。

学校図書館で、できることをまとめています。本でいろいろなことができます。

2　学校図書館のきまり

学校図書館は、みんなで使う図書館です。だから、みんなで守るきまりがあります。下のようなきまりを守りましょう。

本のあつかい方

本は、破れやすいので大切にあつかいましょう。

本に書きこみをしてはいけません。

本を借りる時

本を借りる時には、「だいほんばん」をかわりにおきましょう。

読み終わった本は、もとの場所におきましょう。

学校図書館の中で読まなければならない本は、持ち出してはいけません。

マナー

学校図書館では、走ったり、大きな声を出したりしてはいけません。

つくえやいす、パソコンは、みんなで使いましょう。

3 本の借り方・返し方

学校図書館の本を借りたり、返したりする時には、時間や冊数、借り方や返し方の方法が決まっています。

貸し出し時間……午前〇時〇分～午後〇時〇分
貸し出し冊数……一人〇冊　金曜日は一人〇冊

本の借り方

1. 本棚にある借りたい本のところに、だいほんばんを置きます。
2. 借りたい本の名前を読書カードに書き、図書委員や司書の先生に出します。
3. 自分の名前を本のブックカードに書きます。

本の返し方

1. 本を図書委員や司書の先生に見せ、返したという印かんをおしてもらいます。
2. 本をもとの場所にもどし、だいほんばんを取ります。
3. だいほんばんを決まった場所に返します。

書いた人の名前の最初の文字

分類番号　913
　　　　　ア
本の巻数　1

【参考】
本の背表紙には、三段のラベルがはってあります。このラベルの順番に図書館の本はならべてあります。

4 学校図書館の案内地図

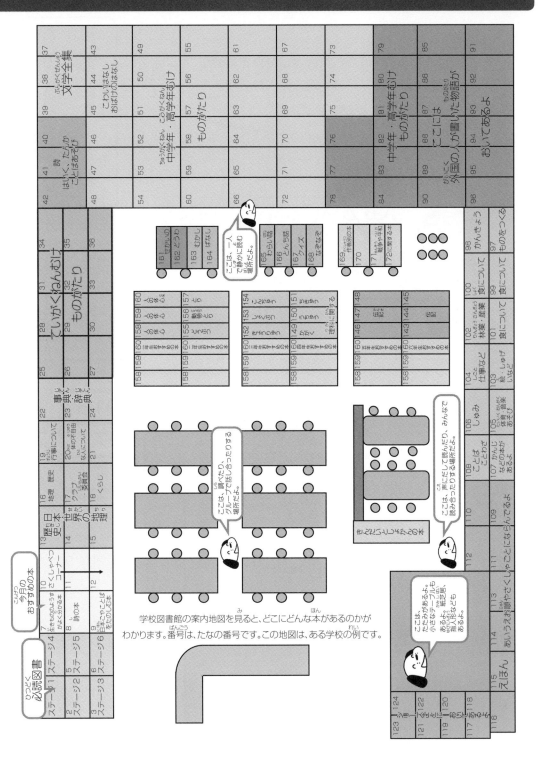

5 本の置き方・並べ方

学校図書館の本の置き方や並べ方は、決まっています。日本十進分類法（NDC）とよばれ、10種類に分けられます。

0類　調べるための本 － 図書館、百科事典、新聞

1類　ものの見方や考え方の本 － 心、道徳

2類　むかしのことや地域の本 － 歴史、伝記、地域

3類　社会の仕組みの本 － 政治、経済、福祉、昔話

4類　自然や算数の本 － 自然、理科、算数、医学

5類　技術や機械の本 － 技術、工業、建築、電気、家庭、生活

6類　いろいろな仕事の本 － 産業、農業、漁業、交通、電話

7類　芸術の本 － 芸術、絵、写真、工作、音楽、スポーツ、遊び

8類　言葉の本 － 言葉、英語、作文、国語辞典、漢字辞典、方言

9類　文学の本 － 文学、各国の物語、小説、詩

日本十進分類法（NDC）

0類	総記	3類	社会科学	6類	産業	9類	文学
1類	哲学・宗教	4類	自然科学	7類	芸術		
2類	歴史・地理	5類	技術	8類	言語		

6　スペースやコーナーを活用しよう

学校図書館を目的に合わせていくつかに区切ってスペースを作りましょう。また、学校図書館の一部を使って、コーナーも作りましょう。スペースとコーナーの例を説明します。

スペースの例

調べるスペース
調べたりまとめたりする場所

自由読書のスペース
声に出して読んだり、友だちと読み合ったりして楽しむ場所

一人で読むスペース
ぜったいにお話をしないで、じっくり本を読む場所

書いたり作ったりするスペース
文章や手紙を書いたり、紙しばいなどを作ったりする場所

くつろぎコーナー
たたみにすわって、絵本や紙しばいを楽しんだり、ゆっくり過ごしたりする場所

情報コーナー

パンフレットやリーフレット、本のおびなど、授業で作った資料や県・市町村などの資料がある場所

伝記コーナー
伝記を集めた場所。偉人ごとに伝記を集めましょう。

作家別コーナー

宮沢賢治、椋鳩十など作家別に作品を集めた場所

3．「本の使い方を知ろう」の使い方

図書館掲示ポスター＆活用ポイントシートのねらい

「本の使い方を知ろう」のポスター＆ポイントシートは，本を読んだり調べたりする時に必要な知識などをまとめています。ここも年度当初のオリエンテーションの時に，説明するとよいでしょう。また，「表紙には何が書いてあるの」などについては，これを使って授業をすることも考えられます。

内容と指導のポイント

1　本の部分の名前を知っているかな

　　このページは，本の部分の名前をまとめました。知っているようで知らないという児童が多いのではないでしょうか。本を作る時や本を紹介する時などに知っておくと便利です。クイズ形式で出し合うと楽しいですね。

2　表紙には何が書いてあるの

　　物語のなかまと科学読み物のなかまに分けて，表紙の読み方をまとめています。本を探す時には，表紙が大きな手がかりになります。表紙をどのように読むとよいのかを授業で行うと，授業後には「この本はありますか。」という児童からの質問は減ります。

3　目次をどうやって使うの

　　物語のなかまと科学読み物のなかまに分けて，目次の読み方を説明しています。目次を見ると，自分の目的に合った内容があるのかを確認することができます。また，目次を読むと，編集の意図も分かります。

4　「本の使い方」（凡例）の使い方を知ろう

　　科学読み物や図鑑などには，凡例が載っています。凡例の意味，凡例の例，凡例の内容を説明しています。

5　索引でも調べられるよ

　　本の最後には索引があります。索引の意味，使い方を説明しています。索引の例も挙げています。表紙，目次，索引を読むと，自分の目的に合った本なのかを確認することができます。

6　奥付ってどこにあるの

　　本の最後には，奥付があります。奥付の意味や読み方を説明しています。物語と科学読み物の奥付の例を挙げています。特に，科学読み物は，同じ題名の本が再版されていることがあります。できるだけ，新しい本で調べるようにしましょう。

1　本の部分の名前を知っているかな

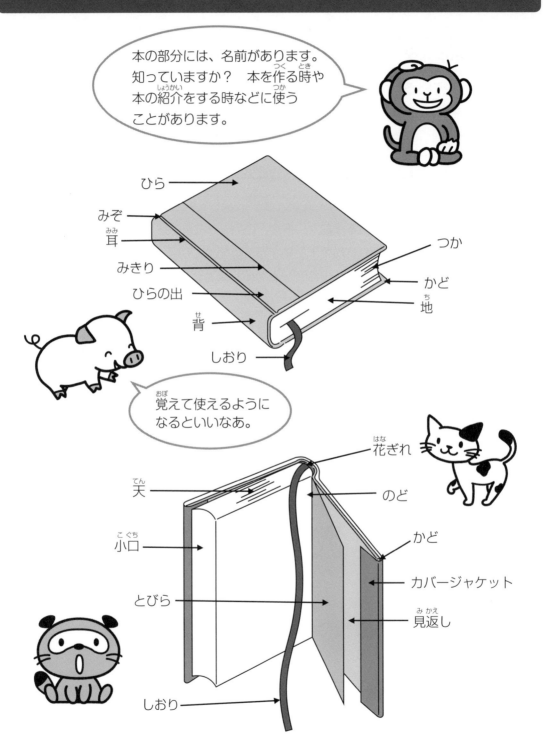

2 表紙には何が書いてあるの

表紙とは、本の内容などがわかるように取り付けられた厚紙などの外がわのところです。本を開く時に表にくる表表紙、裏面を裏表紙と言います。表紙を読むと、いろいろなことがわかります。物語のなかまと科学読み物のなかまでは、表紙の読み方が違います。

物語のなかまの表紙の読み方

1　本の題名を読みましょう。
○主人公や登場人物を見つけましょう。
○どんな事件が起こりそうですか。
○テーマは、何ですか。など

2　表紙の絵を読みましょう。
○主人公や登場人物を見つけましょう。
○どのような場所、時の話ですか。など

タイトルに「ステキだね」とあるから、友情のお話かな。
きょうりゅうが主人公のお話かな。

科学読み物のなかまの表紙の読み方

1　本の題名を読みましょう。
○何について説明している本ですか。
○書いた人の考えがわかりますか。など

2　表紙の絵を読みましょう。
○本の題名の意味がわからないことを説明していますか。など

自動車の働きを調べたい時には、「いろいろな車」「はたらく自動車」「乗り物」などの題名で調べるといいね。

表紙の絵と題名で、「アカトンボの一生」について書いてあることがわかるぞ。

3 目次をどうやって使うの

目次は、本の最初にあり、本の内容を書いた見出しを順序立てて書いたものです。章や節のタイトルとページから作られています。

物語のなかまの目次の例

目次を見ると、どんなお話がどのようにのっているのかがわかるよ。

1つのお話を区切っていく目次

もくじ
誕生の日 …… 22
入学の日 …… 38
母への思い …… 53

1話1話お話が終わっている目次

もくじ
まんげつのつゆ …… 17
天の川のおひめさま …… 34
たぬきのぼんおどり …… 46
おだんごだいすき …… 66

科学読み物のなかまの目次の例

二つを比べた目次

世界の犬
　日本の犬……………………26
　しっぽの長い犬……………36
　犬の体と能力………………40
世界のねこ
　日本のねこ…………53
　しっぽの長いねこ…57
　ねこの体と能力……65

目次を見ると、調べたいことがのっているのかがわかるよ。

なかまごとの目次

あんぜんをまもるくるま
　しょうぼうのくるま……………………26
　けいさつのくるま………………………36
　じえいたいのくるま……………………40
　さいがいのときにはたらくくるま……44
いろいろなばしょではたらくくるま
　たやはたけではたらくくるま…………48

4 「本の使い方」（凡例）の使い方を知ろう

「本の使い方」は、「凡例」といいます。凡例とは、本のはじめにあって、本を作る考え方や本の使い方などについて書いてあるところです。科学読み物や図かんなどで調べる時には、凡例を読んで、自分が調べたいことがのっているのか確かめましょう。

凡例に書いてあることだよ。

○本を作ったわけ、構成やなかま分け
　（どのようなまとまりなのか）
○図かんの部分の説明（種類、体の大きさの表し方、場所など）
○データの見方
○使われている記号の意味
○名前と解説
○コラムのポイント　　　　　　　　　など

凡例の例

このずかんの使い方

この「のりもの」ずかんは、日本や外国で多く見られるのりものをたくさんとりあげています。みぢかなのりものやこんなのりものがあるよとおどろくようなのりものもとりあげています。ないようは、みぢかなのりものである「じどうしゃ」「でんしゃ」「ひこうき」「ふね」の4つにわかれています。わかれているところは、「とびら」がついていて、わかりやすいようにしています。このずかんは、……

- 本を作った目的
- 本にとりあげたもの
- なかまわけ
- 工夫したところ

このシリーズのねらい

★タマネギを育てるということにとどまらず、命があるものを育てる喜びと楽しさを感じながら、命を育てるという意味やいただくという感謝の気持ちを育てます。
★共同で働くということを通じて、相手とコミュニケーションを取る大切さを育てます。
★自分の周りの……

- 本を作った目的

5 索引でも調べられるよ

索引とは、本などの中の大切な言葉などを選んで、書いてあるページをかんたんにさがせるようにしたものです。ふつう、本の後ろにあり、五十音順（アイウエオ順）かアルファベット順にならんでいます。マニュアルなどは、目的別にならんでいることもあります。

下は、索引の例だよ。いろいろな索引があるね。

五十音順にならんでいる索引

さくいん

ア
- アウリガンスピラコガネ……………145
- アエウランギム……………………55
- アオシラン…………………………178
- アオツム……………………………74
- アカツヤンマ………………………136
- アカマルウンバ……………………196
- ・

イ
- イアンカン…………………………202
- ・

大まかななかまに分けた索引

文化
ア‥‥

自然・環境
ア‥‥

政治・経済
ア‥‥

社会
ア‥‥

地理
ア‥‥

歴史
ア‥‥

産業
ア‥‥

ア‥‥

欧文
A
B
C
・
・
・

和文
ア
カ
サ
・
・

6 奥付（おくづけ）ってどこにあるの

奥付ってなんだ？

奥付とは、本の最後のページにある「作者名や筆者名、発行者名、発行年月日」などが書いてあるところです。作者や筆者の紹介（生まれた年、出身地、卒業学校、主な作品名、業績など）が書いてある場合もあります。下は、奥付の例です。

物語のなかま

かいじゅうポポのぼうけん
作者　　きのした　はなこ
発行　　1996年12月初版　2002年5月第22刷
発行者　岡田　益男
発行所　株式会社　みむら書店　東京都千代田区‥‥
印刷所　株式会社　田村社　製本所　株式会社‥‥

木下　花子（きのした　はなこ）
1956年、岡山県生まれ。○○大学文学部卒業。作品に、『かいじゅうポポのおさんぽ』（みむら書店）『かいじゅうたちのえんそく』（全国絵本大賞）『おとうさん　だいすき』『きょうは　なんて　すてきな日』（ともに研究社）など多数。

科学読み物のなかま

楽進の図鑑

カブトムシ・クワガタムシ

2001年7月1日　初版発行
2009年6月2日　増補改訂版発行

発行人　木本　祐介
編集人　田中　健二
印刷所　はま印刷株式会社
発行所　株式会社がくふ研究社
　　　　東京都‥‥‥‥‥

木本　祐介（きもと　ゆうすけ）
1940年、東京都に生まれる。小学校、大学などで教員を務めたあと、現在、○○県生物協議会委員長ほかの仕事のかたわら、主に小・中学生向けの図書を書いている。これまでに書いた主な本に、『チョウ　トンボ』『水辺のいきもの』『あめんぼ』『せみ』（太平洋出版）などがある。

第②章 調べて発表しよう！学校図書館掲示ポスター＆活用ポイントシート

本章では，調べ方と発表・交流について，三節に分けて構成しています。最初に，全体の表紙及び目次のモデルとなるシートを示し，次にポスター＆ポイントシートを各節に合わせて示しています。

1．「調べて発表しよう」ハンドブックの表紙・目次の使い方

図書館掲示ポスター＆活用ポイントシートのねらい

「調べて発表しよう」のポスター＆ポイントシートは，プロセスに応じて，学校図書館で本や資料などを調べて発表するまでに必要な知識などをまとめたものです。

内容と指導のポイント

このポスター＆ポイントシートは，課題解決のプロセスに沿って，「課題を決めて調べていこう」と「調べたことをまとめて発表しよう」の二つから成り立っています。

「課題を決めて調べていこう」は，学校図書館で調べる時に使う基本的な本の調べ方を説明しています。「調べたことをまとめて発表しよう」は，小学校で学ぶ基本的なまとめ方と発表について説明しています。

1　「調べて発表しよう」ハンドブック・表紙

　　これは，「調べて発表しよう」（45頁～69頁）を1冊に綴じてハンドブックとして児童に配布する時の表紙になります。表紙に必要な要素（小学校名，題名，学年学級名，児童名，年月日）を入れています。

　　ハンドブックとして配布すると，国語，社会，理科，生活科，総合的な学習などで使うことができます。また，課題解決能力を育成する時間として，このハンドブックを使って授業をすることも考えられます。クリアファイルに1枚ずつ綴じると，毎年，ハンドブックを印刷して配布するのではなく，変更したページだけ差し替えて，毎年使うことができます。

2　「調べて発表しよう」ハンドブック・目次

　　ここは，「調べて発表しよう」（45頁～69頁）を1冊に綴じてハンドブックとして児童に配布する時の目次になります。表紙の次に綴じてください。

1　「調べて発表しよう」ハンドブック・表紙

_____　小学校

「調べて発表しよう」
ハンドブック

年　　組

名前

平成　　年　　月

2　「調べて発表しよう」ハンドブック・目次

「調べて発表しよう」の使い方

　「調べて発表しよう」は、学校図書館にある本や資料などを使って、課題を解決する時に使います。「課題を決める」→「計画を立てる」→「本などで調べる」→「調べたことをまとめる」→「発表する」というプロセスで使っていきましょう。次からは、それぞれのページの使い方を説明します。

1　「調べて発表しよう」ハンドブックの表紙・目次の使い方

1　「調べて発表しよう」ハンドブック・表紙……………………45
　　「調べて発表しよう」を作成する時に、表紙に使いましょう。
2　「調べて発表しよう」ハンドブック・目次……………………46

2　「どのように調べたらいいのかな」の使い方

1　どのように調べたらいいのかな……………………………50
　　調べる順序を説明したページです。計画を立てる時に、役立ちます。

3　「課題を決めて調べていこう」の使い方

1　課題を設定しよう……………………………………………52
　　課題を設定する時の方法や課題の例をあげています。
2　調べて伝える計画を立てよう………………………………53
　　課題を設定したら、計画を立てます。どのように計画を立てたらよいのかを説明したページです。
3　どんな所で調べたらいいの
　　―学校図書館・公共図書館・本屋さん・文化センター………………54
　　調べるための学校図書館、公共図書館、本屋さん、文化センターをまとめたページです。

4 調べるために学校図書館へ行こう……………………………………………………55
　調べる場所で、一番多く行く学校図書館では、どんなもので調べることができるのかをまとめたページです。

5 わからないことは、まずこれで—辞典・事典・図鑑…………………………56
　学校図書館に行き、わからないことがあったら、まず辞典・事典・図鑑で調べる方法を説明したページです。

6 新聞の記事を活用して考えよう……………………………………………………57
　新聞で調べる時には、どのように調べたらいいのかをまとめたページです。

7 インターネットを役立てよう………………………………………………………58
　インターネットの意味、使い方、注意点を示したページです。

8 本や資料以外でも調べられるよ
　—電話・ファックス・アンケート・実験・観察・インタビュー・実際に行って…59
　電話、ファックス、アンケート、実験、観察、インタビュー、実際に行ってという調べ方をまとめたページです。

4 「調べたことをまとめて発表しよう」の使い方

1 目的に合わせて要約をしよう………………………………………………………61
　調べたことをまとめるためには、目的や分量、時間などによって要約する必要があります。要約の意味やルール、例を示したページです。

2 人の考えなどは引用しよう…………………………………………………………62
　調べたことをまとめる時に、文章や文などを引用することがあります。引用の意味、注意点、ルールを示したページです。

3 調べたことを調査報告文にまとめよう……………………………………………63
　調査報告文の定義、書き方、注意点をまとめたページです。国語、社会、総合的な学習の時間などで、よく使います。

4 観察や実験をして、報告文を書こう………………………………………………64
　観察報告文や実験報告文の定義、書き方、例をまとめたページです。理科、総合的な学習の時間などで、よく使います。

5 リーフレットやパンフレットの作り方……………………………………………………65
　リーフレットやパンフレットの説明、作り方、作り方のポイントを示したページです。リーフレットやパンフレットを作る時に見ましょう。

6 新聞に編集しよう・学習新聞割付見本…………………………………………………66
　調査したことを新聞にまとめる時の作成の仕方、注意点などをまとめたページです。学習新聞の割付の見本も付けました。

7 スピーチのための原稿はこれだ！…………………………………………………………68
　スピーチをするために、書いた原稿を話すためのスピーチ原稿に書きかえる必要があります。スピーチ原稿の書き方、スピーチする時の注意点をまとめたページです。

8 プレゼンテーションの練習をしよう………………………………………………………69
　プレゼンテーションの説明、練習の方法、注意することをまとめたページです。

9 いろいろな発表や話し合いに挑戦しよう
　―演じて説明する・実際に見せて説明する・パネルディスカッション・ポスターセッション………………………………………………………………………………………70
　演じて説明する、実際に見せて説明する、パネルディスカッション、ポスターセッションについての説明をまとめたページです。

2.「どのように調べたらいいのかな」の使い方

図書館掲示ポスター&活用ポイントシートのねらい

「どのように調べたらいいのかな」のポスター&ポイントシートは，各教科等の様々な調べる活動のポイントについて，順序性が分かるように配置して説明したものです。

内容と指導のポイント

本や資料などを調べるためには，調べる順序があります。次のような七つの調べる順序を取り上げています。

① 課題を決めましょう。
② 調べる計画を立てましょう。
③ 調べる方法を決めましょう。
④ 調べましょう。
⑤ 調べた結果と考えたことを書きましょう。
⑥ 4～5をくり返し，まとめましょう。
⑦ 発表をしてふり返りましょう。

これらの中でも，「調べた結果と考えたことを書くこと」は難しいので，特にポイントを入れて説明しています。調べる学習は，何を調べるかという課題を決定することが重要ですが，それらを解決するためにどのようなプロセスを踏んでいけばよいのかを自ら考えられるようになることがとても重要です。

これらのプロセスを児童全員がよく理解して調べ学習を展開しましょう。なお，調べる時に，教室での資料に加え，学校図書館の資料を活用するように導くことが欠かせません。

1　どのように調べたらいいのかな

1. 課題を決めましょう。
2. 調べる計画を立てましょう。

① 結果をグラフや表に整理しましょう。
② わかったことを言葉で書きましょう。
③ 目的にてらして事実を整理しましょう。
④ 目的にてらして要約しましょう。→ 考えたこと

3. 調べる方法を決めましょう。
4. 調べましょう。
5. 調べた結果と考えたことを書きましょう。
6. 4〜5をくり返し、まとめましょう。
7. 発表をして、ふり返りましょう。

本で調べるためには、調べ方の順じょがあります。それを紹介します。

調べて発表しよう！　学校図書館掲示ポスター＆活用ポイントシート　第2章

3．「課題を決めて調べていこう」の使い方

図書館掲示ポスター＆活用ポイントシートのねらい

「課題を決めて調べていこう」のポスター＆ポイントシートは，課題を決め，本や資料などで調べるところまでの大事なことを説明しています。ポスターにして掲示する場所としては，学校図書館，総合的な学習の部屋，廊下や階段などが考えられます。

内容と指導のポイント

1　課題を設定しよう

　課題の説明，課題を設定する時の方法や課題の例を挙げています。例に挙げた課題は，国語，社会科，総合的な学習などの課題です。

2　調べて伝える計画を立てよう

　課題に基づく計画の立て方を，例を挙げて説明しています。

3　どんな所で調べたらいいの

　調べるために，どこに行ったらよいのかをまとめています。例に挙げているもの以外にも，博物館，美術館，公民館などがあると思います。学校の実態に合わせて，修正してください。

4　調べるために学校図書館へ行こう

　調べる場所で，児童が一番多く行く学校図書館で，本や資料などを調べる時の手順や注意点をまとめています。この注意点は，どの教科等でも注意しなければならないことです。

5　わからないことは，まずこれで―辞典・事典・図鑑

　何かを調べたい時には，学校図書館に行きます。学校図書館で，まずどんな本から調べたらいいのかを説明しています。辞典，事典，図鑑が学校図書館のどこにあるのか分かるように案内をしておくとよいですね。

6　新聞の記事を活用して考えよう

　新聞で調べる時に必要な新聞の種類，新聞の調べ方などの知識をまとめています。小学生向けの新聞のサイトも活用できるとよいでしょう。

7　インターネットを役立てよう

　インターネットの意味，使い方，注意点を示しています。インターネットの情報が，正しい情報だとは限りません。また，そのまま自分の考えのように丸写しをしてもいけません。

8　本や資料以外でも調べられるよ

　本や資料以外で，どのような調べ方があるのかを示しています。電話，ファックス，アンケート，実験・観察，インタビュー，実際に行ってという方法を紹介しています。

1 課題を設定しよう

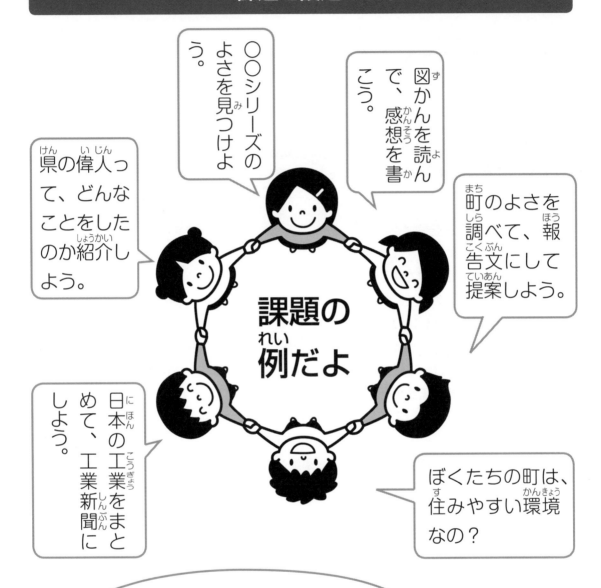

「課題」とは、決められた時間で何を解決していくのかというテーマのことです。一人一人が出し合って、まとめていく方法やウエビングといって、あることについて、「くものす」のように関連することを出し合い、課題にしていく方法などがあります。

2　調べて伝える計画を立てよう

課題が決まったら、それを解決していくための計画を立てなければなりません。下の図は、計画を立てる一つの方法を示しています。参考にしてね。

1 調べる目的を決めましょう。

2 時間数、伝える場所、聞き手の人数などを確かめましょう。

3 発表する期日や時間を決めましょう。

4 最後の時間は、ふり返りの時間にしましょう。

5 1時目や2時目にすることを決めましょう。

6 残りの時間にすることを決めましょう。

7 計画表の完成

3 どんな所で調べたらいいの
―学校図書館・公共図書館・本屋さん・文化センター

学校図書館には、小学生向けの本や資料が多くあります。特に、授業で使う本や資料などを収集しています。学習センターや情報センターとしての役割もあります。

学校図書館

公共図書館は、地域の人がだれでも利用できる図書館です。本や資料の数も多く集められています。

公共図書館

本や資料を調べる所は、学校図書館、公共図書館、本屋さん（書店）、文化センター、美術館、博物館などがあります。

本を売っている店のことです。同じ分野の本ばかりを売っている専門書店、古い本を売っている古本屋、インターネットで注文をするインターネット書店などがあります。

本屋さん（書店）

文化センターとは、文化活動の中心となる公民館・集会場・図書館・美術館などが集まった施設のことです。

文化センター

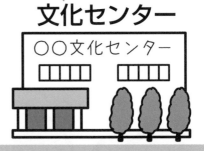

（参考文献：井上一郎著『読む力の基礎・基本』明治図書，2003年4月）

4　調べるために学校図書館へ行こう

調べるために、学校図書館をよく利用します。本や資料を調べる手順や注意点を紹介します。

本や資料を調べる手順

① 学校図書館案内図などで、どこのたなにあるのかさがしましょう。

② NDCの分類番号を参考にしたり、コーナーなどを見たりしてさがしましょう。

③ 一冊の本だけではなく、多くの本をさがしましょう。

④ 本の他に、関連する資料（グラフ、写真、地図、表、絵、年表、ポスター、新聞、パンフレットやリーフレットなど）も調べましょう。インターネットなどからもさがしましょう。

本で調べる時の注意点

○ 1冊の本だけで調べると、その情報が確かなのかわかりません。多くの本や他の資料なども使って調べましょう。

○ 奥付で、発行年月日を確かめ、新しい本や資料などを使いましょう。

5 わからないことは、まずこれで
—辞典・事典・図鑑

むずかしい言葉や初めて聞いた言葉などを調べる時には、辞典、事典、図鑑で、まず調べましょう。下の調べ方や注意点を読んでね。

辞典

言葉、物や事柄、漢字などを集め、その意味や使い方などを説明した本のことです。辞書と言うこともあります。語は、ふつう五十音順（アイウエオ順）にならんでいます。

書いてある順番
★ホール→ボール
　→ポール
◎清音→だく音
　→半だく音

事典

物や事柄の説明をした本です。語は、ふつう五十音順（アイウエオ順）にならんでいます。

注意点
○事典は、借りることができないので、学校図書館で読みましょう。
○奥付を見て、新しい事典を使いましょう。

図鑑

植物や昆虫、乗り物などについて図や写真などといっしょに説明した本です。ふつうは、大型サイズですが、持ち運びが便利なように小さく作った「ポケット図鑑」もあります。

注意点
○奥付を見て、新しい図鑑を使いましょう。
○関連する言葉の図鑑を調べましょう。
例：自動車を調べたい時
　　↓
自動車、車、乗り物など

6 新聞の記事を活用して考えよう

新聞とは、事件、事故、政治、経済、スポーツ、世界などの動きについて、ニュースで伝えるためのメディアです。新聞の文章や写真などが、紙に印刷されて、とじていないものです。新聞は、コラムやマンガなども編集されています。新聞のデータベースも活用できます。

小学生新聞サイトの紹介
朝日学生新聞社ジュニア朝日
http://www.asagaku.com/

毎日小学生新聞
http://mainichi.jp/maisho/

新聞の種類

出す間かく
- 旬刊紙
- 月刊紙
- 季刊紙

配布地域
- 全国紙
- ブロック紙
- 地方紙

値段
- 有料
- 無料

メディアの形
- 壁新聞
- 回覧板
- など

発行の性格
- 機関紙
- 商業紙
- 業界紙
- 小学生新聞
- など

内容
- 一般紙
- 経済紙
- スポーツ紙
- など

いろいろなページ（面）があるよ！

総合面
　日本国内外のいろいろなニュースがのっています。

国際面
　外国の政治、事件、事故などを伝えています。

経済面
　国内外の経済の動きを追っています。

その他にも、文化面、芸能面、科学面、コラム、テレビ面などがあります。

Web版データベースやCD-ROMを利用するのもいいね。

次のようなデータベースやCD-ROMを使うと便利です。Web版データベースはデータベースポータル【新聞・ニュース】から利用してください。

- 朝日新聞記事データベース「聞蔵Ⅲビジュアル」
- 日経テレコン21（日経新聞・日経産業新聞・日経金融新聞・日経MJ新聞）
- 毎日Newsパック（毎日新聞、MainichiDailyNews）

新聞の調べ方

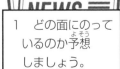

1　どの面にのっているのか予想しましょう。

2　関連する言葉を手がかりにさがしましょう。

3　見つけた記事の前後も見ましょう。

4　複数の新聞を読み比べて、事実を確認しましょう。

7　インターネットを役立てよう

インターネットで調べることは、かんたんにできます。でも、インターネットの情報が正しいのかは、よく考えましょう。特に、インターネットで調べたことをそのまま引用して、使ってはいけません。

Q　インターネットとは何ですか。	A　インターネットとは、世界中のコンピュータをつないだネットワークのことです。インターネットにつなぐと、国、県、市、町、役所、学校などのホームページを見ることができます。メールで連絡を取り合うこともできます。
Q　インターネットで調べる時には、どうすればいいのですか。	A　「けんさく（サーチ）エンジン」を使うと便利です。けんさくエンジンに「手がかりになる言葉」を入れたら、たくさんの情報が出ます。そこから選びましょう。
Q　インターネットを使う時に注意することは、何ですか。	A　ホームページに書いてあることが正しいとは、かぎりません。国の省庁、県庁、市役所など、国や県、市、町、村などの情報を使おうね。引用する時は、出典先（作った人の名前、連絡先）を書きましょう。

インターネットの情報をそのまま自分の考えのようにうつしてはいけません！

8 本や資料以外でも調べられるよ
―電話・ファックス・アンケート・実験・観察・インタビュー・実際に行って

調べ方

電話で
- □直接話しに行けない時に、電話を使います。
- □相手に話す時間はあるのか聞きましょう。
- □質問は、事前に決めておきましょう。

ファックスで
- □相手の時間がある時に答えていただけます。
- □目的、質問すること、返事のしめきり日、ファックス番号、学校名、学年、名前などを書きましょう。

アンケートで
- □アンケート用紙を配ったり、直接聞いたりする方法があります。

実験・観察で
- □実際に実験や観察をします。
- □数回行ってデータなどを取りましょう。

インタビューで
- □実際に出かけて、相手に聞きます。
- □相手の都合を事前に聞いておきましょう。

実際に行って
- □相手の時間がある時、実際に行って見たり、聞いたりします。
- □質問することは事前に相手に知らせておきましょう。

学校図書館や公共図書館などで、本や資料などを調べる他にも、右のようにいろいろな調べ方があります。目的に合わせて、どんな調べ方がいいのか考えましょう。

4．「調べたことをまとめて発表しよう」の使い方

図書館掲示ポスター＆活用ポイントシートのねらい

「調べたことをまとめて発表しよう」のポスター＆ポイントシートは，調べたことをまとめて発表する時の基本的な知識を示しています。

内容と指導のポイント

1　目的に合わせて要約をしよう

　　調べたことをまとめるためには，目的や分量，時間などによって文章を要約し，短くまとめる必要があります。要約の意味やルール，例を示しています。

2　人の考えなどは引用しよう

　　調べたことをまとめる時に，本や資料などの文章や文を引用することがあります。引用の意味，注意点，ルールを示しています。「引用のチェックリスト」も入れています。

3　調べたことを調査報告文にまとめよう

　　調査報告文の定義，構成，注意点をまとめています。

4　観察や実験をして，報告文を書こう

　　理科などでは，観察や実験をして，報告文にまとめます。観察報告文や実験報告文の定義，構成，例をまとめています。夏休みなどの自由研究時に，配布することができます。

5　リーフレットやパンフレットの作り方

　　リーフレットやパンフレットの説明，作り方，作り方のポイントをまとめています。

6　新聞に編集しよう・学習新聞割付見本

　　国語，社会，総合的な学習などで，調査したことを新聞に編集する時があります。新聞の編集の仕方，注意点，ポイント，学習新聞の割付の見本を紹介しています。

7　スピーチのための原稿はこれだ！

　　スピーチをするためには，原稿用紙に書いた原稿をスピーチ原稿に書きかえる必要があります。スピーチ原稿の書き方を具体的に示しています。

8　プレゼンテーションの練習をしよう

　　プレゼンテーションの説明，手順，練習で確認することを紹介しています。

9　いろいろな発表や話し合いに挑戦しよう

　　調べて発表するという方法の中から，小学生が行う「演じて説明する」「実際に見せて説明する」「パネルディスカッション」「ポスターセッション」について説明しています。

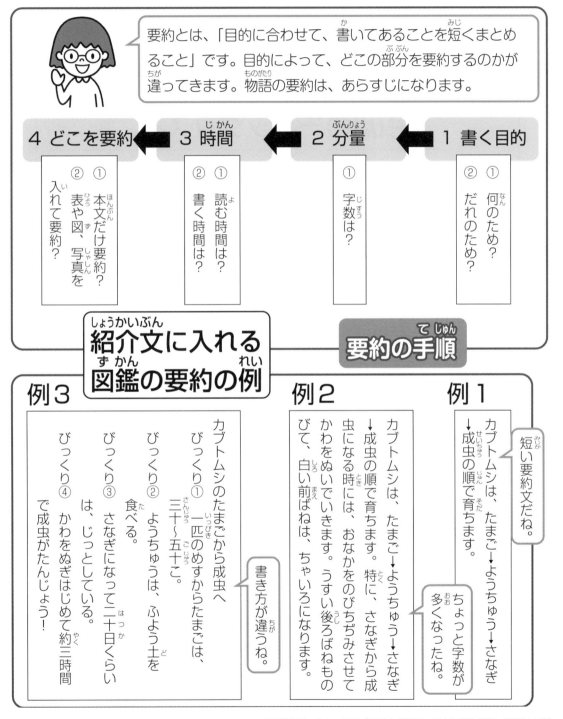

2 人の考えなどは引用しよう

下の質問に、行ったことがある人は〇、行ったことがない人は×で答えてください。引用（人の言葉や文章を自分の話や文章の中に入れること）には、決まりがあります。

引用のチェックリスト

- [ ] 1　社会や総合的な学習の授業で、地域のしょうかいパンフレットやリーフレットを書く時に、市や町のパンフレットなどから、そのまま写したことはありませんか。

- [ ] 2　社会の授業で、あることを資料で調べてパンフレットや、ノート、新聞などにまとめる時に、そのまま写したことはありませんか。

- [ ] 3　バス旅行でわかったことを模造紙などにまとめる時、もらったパンフレットなどの文章をそのまま写したことはありませんか。

人の言葉や文章を自分の考えのように、自分の話や文章の中に、そのまま写してはいけません！

1　引用は、自分の書くものの5分の1以内。
2　次のように書きましょう。
　〇〜は、次のように述べている。
　〇〜は、「…」と述べている。
　〇〜によると〜ということである。
　〇〜といわれている。
3　出典（出どころ）を明らかにしましょう。
　筆者名『本の名前』出版社名、出版年月日

引用のルール

（参考文献：井上一郎著『読む力の基礎・基本』明治図書, 2003年4月）

3 調べたことを調査報告文にまとめよう

何かを調査して、報告する文を「調査報告文」と言います。国語、社会、理科、総合的な学習など、いろいろな授業で、調査報告文を書くことがあります。書き方とポイントを説明します。

組み立て

　　　　　年　月　日

　　○○についての調査報告
　　　　年　組　名前

1　調査のきっかけ
2　調査の目的
　(1)　今までわかっていること
　(2)　知っていること
　(3)　調査して解決したいこと
3　調査のよそう
4　調査の方法
　調査はどのような方法ですか。
　調査することは、何ですか。
　調査の結果はどうなりますか。
5　調査の結果
6　調査で考えたこと
7　調査のふりかえり
8　今後のこと
9　注：参考にした本や資料
　　　筆者「論文名」『本の名前』
　　　出版社、出版年月日、引用ページ

調査の結果
□伝えたいことを整理して、小見出しをつけてまとめましょう。
□表、グラフなどを使ってわかりやすく。
□目的におうじて、表やグラフから一部分をぬき出し、文章にしましょう。

調査で考えたこと
□調査してわかったことと自分の考えを区別して書きましょう。

ポイント！
事実を書く
　～です。
　～しました。
　～でした。
調査してわかったことを書く
　～とわかりました。
　～だそうです。
自分の考えを書く
　～と思います。
　～と考えます。

（参考文献：井上一郎編著『記述力がメキメキ伸びる！小学生の作文技術』明治図書，2013年9月）

4 観察や実験をして、報告文を書こう

理科などで、観察や実験をしたら、報告文を書きます。報告文には、決まった書き方があります。その書き方と例を説明します。参考にしてね。

動機
観察や実験のきっかけ。

目的
今までわかっていることや解決していくこと。

予想
体験や今までの学習から。

実験の方法
何を使った。どのように。

実際（記録）
箇条書き、メモ、図などで記録。

結果
5の記録をもとにして、表、グラフ、図などに整理しましょう。また、目的におうじて、表の結果の一部分を使って、要約し、文章にしましょう。

考察
結果から、目的にてらして、わかったことを要約・引用しながら、「〜のことから、〜として考えられる。」と書きましょう。
第2の観察や実験と続きます。
最後に、全体の考察、まとめ（感想や今後の課題）。

例　じしゃくは、どんなものにつくのか

1　動機
　図かんに、クリップはじしゃくに引きつけられると書いてあった。本当にそうかなと調べることにした。

2　目的
　図かんを参考にして、家の中にあるもので、じしゃくに引きつけられるものと引きつけられないものを調べる。

3　予想
　遊んでいたときに、……と思う。

4　実験の方法
　家の中：はさみ、……

5　実際
　家の中：はさみ○、のり×、つめきり○、バナナ×、くつ×、いす×、くぎ○

6　結果

じしゃくに引きつけられたもの	じしゃくに引きつけられなかったもの
はさみ、つめきり、くぎ	のり、バナナ、くつ、いす

　じしゃくに引きつけられたものは、はさみ、つめきり、くぎだった。引きつけらないものは、のり、バナナ、くつ、いすだった。じしゃくに引きつけられるものと引きつけられないものがあった。

7　考察
　はさみ、つめきり、くぎが、じしゃくに引きつけられた。このことから、てつでできている……と考えられる。

（参考文献：井上一郎編著『記述力がメキメキ伸びる！小学生の作文技術』明治図書，2013年9月）

5 リーフレットやパンフレットの作り方

リーフレットやパンフレットは、情報を知らせる小さな冊子のことです。リーフレットは、大きな1枚の紙をおって、冊子にしたものです。パンフレットは、数まいの紙をとじて冊子にしたものです。

作り方の手順

1. 相手、目的、形を決めましょう。
2. 何を書くのか決めましょう。
3. どこに何を書くのか決めましょう。
4. 取材をしましょう。
5. 下書きをしましょう。
6. すいこうをしましょう。
7. 清書をしましょう。

ポイント

- 見出しをつけましょう。（十文字以内で）
- 文章は、短くわかりやすく。
- 図や表、グラフ、写真、イラストなどを入れて、わかりやすい工夫をしましょう。
- 数字を入れる時は、正しく。

一枚の紙でもいろいろなリーフレットが作れるね。おもしろい！

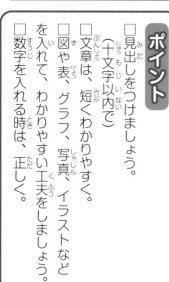

リーフレットのおり方

例1　ひょうし

例2　ひょうし

例3　きりこみ／やまおり／たにおり

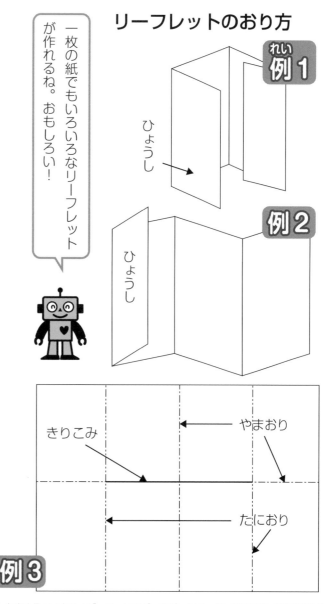

（参考文献：井上一郎編著『小学校国語「汎用的能力」を高める！アクティブ・ラーニング サポートワーク』明治図書，2015年12月）

6 新聞に編集しよう・学習新聞割付見本

社会や国語、総合的な学習の時間などで、いろいろな記事を編集して、新聞にまとめることがあります。新聞を編集する時には、次のようなルールがあります。

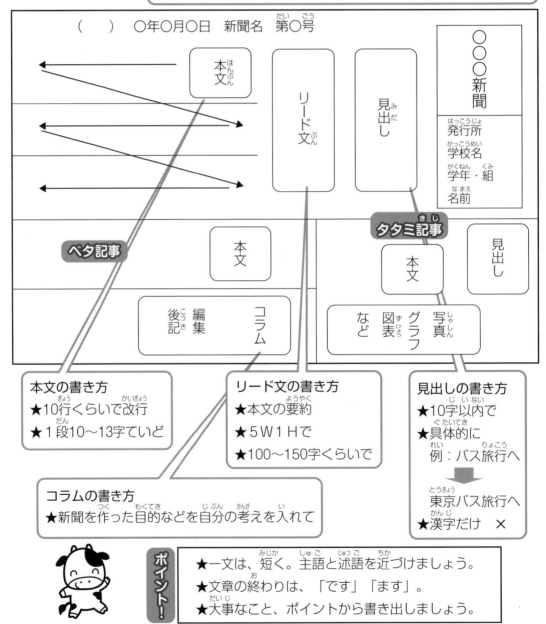

本文の書き方
- ★10行くらいで改行
- ★1段10〜13字ていど

リード文の書き方
- ★本文の要約
- ★5W1Hで
- ★100〜150字くらいで

見出しの書き方
- ★10字以内で
- ★具体的に
  例：バス旅行へ
  ↓
  東京バス旅行へ
- ★漢字だけ ×

コラムの書き方
- ★新聞を作った目的などを自分の考えを入れて

ポイント！
- ★一文は、短く。主語と述語を近づけましょう。
- ★文章の終わりは、「です」「ます」。
- ★大事なこと、ポイントから書き出しましょう。

（参考文献：井上一郎編著『記述力がメキメキ伸びる！小学生の作文技術』明治図書，2013年9月）

学習新聞の割付見本

- 年 月 日
- 第 号
- 見出し
- 題字
- 写真・グラフなど
- リード
- キャプションはここに入れる
- 発行所
- 学校名
- 学年・組
- 番号
- 氏名
- 見出し
- タタミ記事
- 見出し
- 見出し
- カコミ記事
- 写真・グラフなど
- 編集後記
- 見出し

7 スピーチのための原稿はこれだ！

発表することを原稿用紙に書いて、スピーチをすることがあります。しかし、それでは、どこを読んでいるのかわからなくなったり、ずっと原稿ばかり見てスピーチをしたりという問題がうまれます。そこで、書いた原稿をスピーチする時の原稿に書きかえて発表するとそれらの問題が解決されます。

書いたもとの原稿

調べる方法は、学校図書館や市立図書館の本や資料、インターネットで調べました。……
調べた結果は、……
わかったことは、……

ここが大事！

スピーチ原稿の書き方
① 、やことばで行をかえる。
② 。のあとは、１行あける。
③ マジックで書く。
④ 音読記号などを書く。

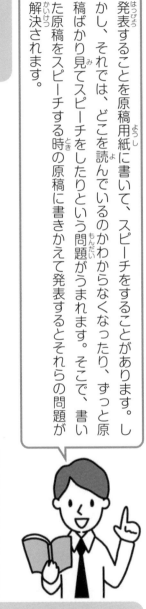

これが、スピーチ原稿だよ！

調べる方法は、

学校図書館や

市立図書館の本や資料、

インターネットで

調べました。

調べた結果は、

8　プレゼンテーションの練習をしよう

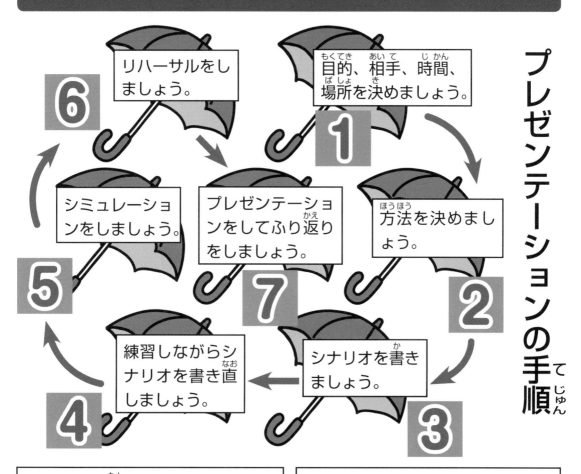

練習で確かめましょう①
○伝えたいことが伝わっていますか。
○図、グラフ、表をうまく使っていますか。
○イラストや写真をうまく使っていますか。
○パソコンやフリップはうまく使っていますか。

練習で確かめましょう②
□聞き手みんなにわかるような声ですか。
□アイコンタクトをとってますか。
□間をとってますか。
○みぶりやてぶりを使ってますか。
○にこやかですか。

プレゼンテーションとは、自分たちの意見や情報を聞き手に伝えることです。プレゼンテーションには、意見を発表する、何かを紹介する、何かを報告するなどがあります。また、発表会形式、劇形式などの形式もあります。

9 いろいろな発表や話し合いに挑戦しよう
—演じて説明する・実際に見せて説明する・パネルディスカッション・ポスターセッション

発表や話し合いの仕方の代表的なもの4種類—演じて説明する、実際に見せて説明する、パネルディスカッション、ポスターセッションを紹介します。

演じて説明する
インタビューなどでの話の様子を実際にして見せる、何かをまねして見せるなどの方法です。

実際に見せて説明する
聞き手に、実際の物を見せて説明することです。実物を持ってこられない場合は、模型なども考えられます。

パネルディスカッション
違う意見をもったパネリストが、テーマをもとに、意見を発表するものです。聞いている人もその話し合いに参加します。

ポスターセッション
テーマをもとに、いくつかの場所に分かれて、発表するものです。参加者は、興味がある発表を選んで、聞きに行きます。

第③章 本を読もう 楽しもう！学校図書館掲示ポスター＆活用ポイントシート

　本章では，本を読み楽しむことについて，八節に分けて構成しています。最初に，全体の表紙及び目次のモデルとなるシートを示し，次にポスター＆ポイントシートを各節に合わせて示しています。

1．「本を読もう 楽しもう」ハンドブックの表紙・目次の使い方

図書館掲示ポスター＆活用ポイントシートのねらい

　「本を読もう 楽しもう」のポスター＆ポイントシートは，学校図書館にある多様な本の楽しみ方を紹介しています。児童が，本に興味・関心をもつように，学校図書館や廊下などに掲示をするとよいでしょう。国語，社会，生活，理科，総合的な学習などで使うこともできます。

内容と指導のポイント

　「本の種類に合わせて読み方を変えよう」は，「編集した人の気持ちにこたえて読んでみよう」と「本の世界は広いなあ」に分けて読み方を示しています。

　「読み方を工夫しよう」は，小学校段階で，このようないろいろな本の「読み方」を知っているといいなという読み方を集めました。

　「本を使っていろいろな活動をしよう」は，国語科，委員会活動やクラブ活動，総合的な学習，休み時間，家庭学習などにおいて，本を使って楽しい活動をする時に，参考になるように説明をしています。

1　「本を読もう 楽しもう」ハンドブック・表紙

　これは，「本を読もう 楽しもう」(71頁〜114頁)を1冊に綴じてハンドブックとして児童に配布する時の表紙になります。表紙に必要な要素（小学校名，題名，学年学級名，児童名，年月日）を入れています。

2　「本を読もう 楽しもう」ハンドブック・目次

　　ここは，「本を読もう 楽しもう」(71頁〜114頁)を1冊に綴じてハンドブックとして児童に配布する時の目次になります。表紙の次に綴じてください。

1 「本を読もう　楽しもう」ハンドブック・表紙

　　　　　　　　　　　　　小学校

「本を読もう　楽しもう」
ハンドブック

年　　組

名前

平成　年　月

2 「本を読もう 楽しもう」ハンドブック・目次

「本を読もう 楽しもう」の使い方

　「本を読もう 楽しもう」は、どのように本を読んでいけばいいのかをまとめたものです。「本の種類に合わせて読み方を変えよう」「文学は楽しい」「調べて考えたことについて，深く読んでみよう」「読み方を工夫しよう」「本を使っていろいろな活動をしよう」の五つに分けて説明しています。国語の授業は、もちろん、社会科、生活科、理科、総合的な学習の時間などで使えます。次からは、それぞれのページの使い方を説明します。

1 「本を読もう 楽しもう」ハンドブックの表紙・目次の使い方

1 「本を読もう 楽しもう」ハンドブック・表紙 …………………………………… 72
　「本を読もう 楽しもう」を作成する時に、表紙に使いましょう。
2 「本を読もう 楽しもう」ハンドブック・目次 …………………………………… 73

2 「本を読む順序を知っているかな」の使い方

1 本を読む順序を知っているかな …………………………………………………… 78
　本を読む時の順序をまとめたページです。読書課題を決めるところから、評価までを表しました。

3 「本の種類に合わせて読み方を変えよう」の使い方

1 作者別・筆者別にこだわって読もう ……………………………………………… 80
　同じ作者や筆者にこだわって読む読み方をあげました。
2 グレードに合った本を選ぼう（グレード別） …………………………………… 81
　どのようなグレードがあるのかという例と活動例を示したページです。
3 本の仲間に分けて（ジャンル別） ………………………………………………… 82
　ジャンルには、大きく分けて「物語の仲間」と「科学読み物の仲間」があります。それぞれにまたいろいろなジャンルに分かれます。

4　シリーズで読むとおもしろい（シリーズ別）……………………………83
　　　物語や科学読み物のシリーズのおもしろさをまとめたページです。
　5　編集の意図を考えて読もう―新書・電子書籍・全集・連載・名作選・文庫……84
　　　編集の意図として、六つを取り上げました。どのような編集の意図があるのでしょうか。
　6　テーマは何だろう―〇〇アルバム・〇〇ワールド・〇〇ランド・〇〇探検……85
　　　あるテーマをもとにして編集しているものをまとめたページです。

4　「文学は楽しい」の使い方

　1　イメージを広げて読んでいこう―物語・昔話・詩歌集……………………87
　　　「物語・昔話・詩歌集」の説明と読み方をまとめたページです。
　2　ファンタジーの世界にひたろう―ファンタジー………………………………88
　　　ファンタジーの説明と読み方、ファンタジーの例をあげています。
　3　豊かな表現を味わおう―物語・科学読み物・語彙集・表現集………………89
　　　豊かな表現というのは、どういう表現なのかを示しています。

5　「調べて考えたことについて、深く読んでみよう」の使い方

　1　人の生き方を学ぼう―伝記……………………………………………………91
　　　伝記の説明と読み方をまとめたページです。
　2　ガイドブックを活用しよう―ブックリスト・説明書・マニュアル・入門書……92
　　　目的をもって読んだり調べたりするガイドブックの読み方をまとめたページです。
　3　本の解説を手がかりにしよう―作品解説………………………………………93
　　　本の後ろの部分には、解説があります。その解説の読み方をまとめたページです。
　4　モデルを探そう―感想文集・意見文集…………………………………………94
　　　学校図書館には、上手な感想文や意見文を集めたものがあります。どのようなものがあるのか、それをどのように読むのかをまとめたページです。

5　本を紹介したものを参考にしよう
　　―ブックガイド・ポスター・本の紹介リーフレット……………………………………95
　　本を紹介したブックガイド・ポスター・リーフレットの例や読み方を紹介しています。
6　筆者の体験と考えを結び付けて読もう―エッセイ……………………………………96
　　随筆の例と読み方を紹介しています。

6　「読み方を工夫しよう」の使い方

1　比べて読むとおもしろい―比べ読み・重ね読み…………………………………………98
　　本や資料を複数比べる読み方のページです。
2　目標を決めてチャレンジしよう―ブックウォーク・読書マラソン……………………99
　　ブックウォークや読書マラソンなど、目標を決めて読む読み方を説明したページです。
3　評価しながら考えて読もう……………………………………………………………… 100
　　物語や科学読み物をどのような観点で評価しながら読むのかをまとめたページです。
4　文章の原作・原本（底本）と比べて違いを見つけよう……………………………… 101
　　原作・原本（底本）の説明と読み方をまとめたページです。
5　表やグラフと本文を比べながら考えよう……………………………………………… 102
　　表やグラフとどのように本文を比べながら読むとよいのかまとめたページです。
6　速く読もう・予想して読もう…………………………………………………………… 103
　　速読の方法や予想して読む読み方を示しています
7　疑問をもって読もう……………………………………………………………………… 104
　　物語と科学読み物を読む時に、どのような疑問をもって読めばよいのかをまとめています。
8　本を分析して読もう……………………………………………………………………… 105
　　分析の方法を物語と科学読み物に分けて説明しています。
9　関係付けて読もう………………………………………………………………………… 106
　　作品とどんなことを関係付けて読めばいいのかを示しました。

7　「本を使っていろいろな活動をしよう」の使い方

1. 物語のあらすじのまとめ方　　　　　　　　　　　　　　　　　　　　108
   物語のあらすじの書き方をまとめたページです。紹介文や感想文などを書く時に、参考にしましょう。

2. 登場人物を関係付けて　　　　　　　　　　　　　　　　　　　　　　109
   登場人物の実際の関係の例と物語の中の関係の違いをまとめました。紹介文や推薦文などを書く時に、参考にしましょう。

3. 作者ってどんな人？　　　　　　　　　　　　　　　　　　　　　　　110
   作者の情報をどのように収集して、まとめるのかなどを示しています。

4. 感想文って、このように書くんだよ―物語・科学読み物　　　　　　　111
   物語と科学読み物の感想文の組み立て例と書き始めを説明しています。

5. 好きな本を紹介、推薦しよう―物語・科学読み物　　　　　　　　　　112
   紹介や推薦をする時の手順、紹介する時の要素をまとめています。

6. 物語を読んで、楽しく表現しよう
   ―人形劇・紙芝居・音読劇・ストリーテリング・読み聞かせ　　　　　113
   「人形劇・紙芝居・音読劇・ストリーテリング・読み聞かせ」の説明と使う物を表にしました。

7. わくわくする読書活動―ブックトーク・説明会・読書クラブ・読書イベント　114
   「ブックトーク・説明会・読書クラブ・読書イベント」の説明とやり方などをまとめたページです。

2.「本を読む順序を知っているかな」の使い方

図書館掲示ポスター＆活用ポイントシートのねらい

「本を読む順序を知っているかな」のポスター＆ポイントシートは，本を読む目的を決定するとともに，その目的に沿ってどのようなプロセスを辿っていけばよいのかという知識を九つにまとめ，順序性がよく分かるように配置して説明したものです。

内容と指導のポイント

本は，物語や絵本を楽しんだり，調べるために選んで読み込んだり，新しいことを知りたい時に読んだりして活用するものです。このような目的が決定したら，いよいよ読んでいくのですが，ただ前から順番に読んでいくだけでは効率がよくありません。そこで，目的の決定から振り返りまでどのようなプロセスを辿るか，次のような九つのプロセスに整理し，児童にこのプロセスがメタ認知できるようにしました。

① 目的を決めよう
② 計画を立てよう
③ 本をさがそう
④ 本を選ぼう
⑤ 本を1回読もう
⑥ くわしく読もう
⑦ 要約や引用をしよう
⑧ 表現しよう
⑨ 振り返りをしよう

これらのプロセスの中では，選書が終了したら，どのように精読したらよいのか，詳しく，深く読む方法を指導することが大切です。必要な箇所を集中的に取り上げたり，全体の概要を知るために速読したりすることもあります。科学読み物と図鑑では全然違ってきます。物語集と絵本でも大きく違ってきます。絵本を文章部分だけさっさと読んだのでは価値が大きく下がってしまいます。文章と絵を合わせて楽しむようにしてください。

要約や引用は，感想文を書いたり，報告書を書いたりする時に不可欠な能力です。なぜ要約や引用するのか，その具体的な方法はどのようにすればよいのかといったことを，このポスター＆ポイントシートをきっかけに指導しましょう。

1 本を読む順序を知っているかな

本を読む目的には、楽しみのため、何かを調べたいため、新しいことを知りたいためなどがあります。目的がはっきりしたら、下の図のような順序で本を読みましょう。

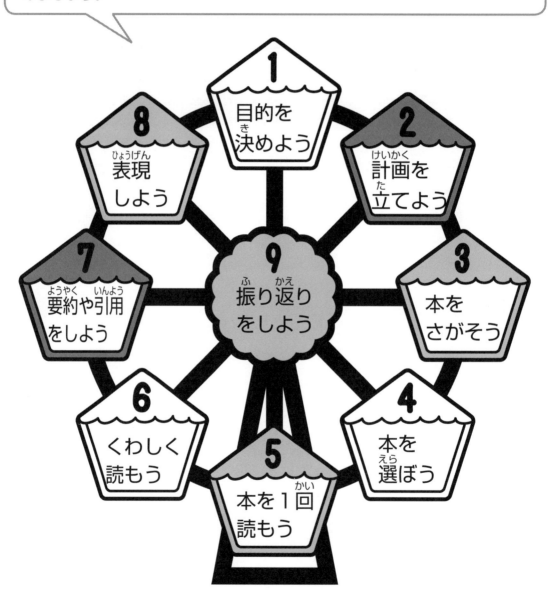

（参考文献：井上一郎編　古川元視著『読書活動でアクティブに読む力を育てる！小学校国語科　言語活動アイデア＆ワーク』明治図書，2015年10月）

3．「本の種類に合わせて読み方を変えよう」の使い方

図書館掲示ポスター＆活用ポイントシートのねらい

「編集した人の気持ちにこたえて読んでみよう」のポスター＆ポイントシートは，編集者の意図で編集された本を紹介しています。どのような編集があるのかをまとめてみました。

内容と指導のポイント

1　作者別・筆者別にこだわって読もう
　　物語や科学読み物を読む時に，同じ作者や筆者にこだわって読むことがあります。同じ作者や筆者を読む時のポイントや，読んだ時にできる読書活動の例を紹介しています。

2　グレードに合った本を選ぼう（グレード別）
　　本屋さんに行くとよく目にするのが「グレード（○○向け）」です。グレードの意味，グレードの例と活動例を紹介しています。

3　本の仲間に分けて（ジャンル別）
　　本を大きくジャンルに分けると「物語の仲間」と「科学読み物の仲間」になります。それぞれにまたいろいろなジャンルに分かれます。「物語の仲間」と「科学読み物の仲間」の中で，小学生が知っておかなければならないジャンルを示しています。

4　シリーズで読むとおもしろい（シリーズ別）
　　学校図書館には，たくさんのシリーズの本があります。シリーズは物語だけではなく，科学読み物のシリーズもあります。シリーズの特徴，例，おもしろさを紹介しています。このポスターをきっかけとして，学校図書館にあるシリーズを探す授業をしてもおもしろいでしょう。

5　編集の意図を考えて読もう―新書・電子書籍・全集・連載・名作選・文庫
　　学校図書館にある本で編集の意図がよく分かる本として，新書・電子書籍・全集・連載・名作選・文庫の六つを取り上げています。

6　テーマは何だろう―○○アルバム・○○ワールド・○○ランド・○○探検
　　本の表紙に○○アルバム，○○ワールド，○○ランド，○○探検，○○の世界，○○の旅などと書いてあるものがあります。どのような編集の意図があるのか，例を挙げて紹介しています。

1 作者別・筆者別にこだわって読もう

本を選ぶ時に、同じ作者（物語）や同じ筆者（科学読み物）にこだわって選ぶ方法があります。選ぶポイントと読書活動を紹介します。

物語（作者）

同じ作者の物語を読むポイント
- □ シリーズはありますか？
  - 例：同じ主人公や登場人物　など
- □ 同じ仲間の物語はありますか？
  - 例：ファンタジー、冒険　など。
- □ 同じテーマの物語はありますか？
  - 例：平和、福祉、家族愛　など

科学読み物（筆者）

同じ筆者の科学読み物を読むポイント
- □ 同じテーマの科学読み物はありますか？
  - 例：虫、花　など
- □ グレードが違う科学読み物を書いていませんか？
  - 例：低学年用と中学生用　など
- □ 発行社が違って同じ内容を書いていませんか？　例：〇〇会社と△△会社

作者別・筆者別に読んで、どんなことをまとめるの？
- □ 作品の特徴。
- □ 主人公や登場人物の魅力。
- □ 作者や筆者の文章の特徴。
  - 例：擬態語が多い　など
- □ 作者や筆者の考え方
  - 例：平和を望んでいる

など

作者別・筆者別に読んで、どんな活動ができるの？
- □ 人物紹介新聞を作りましょう。
- □ 人物事典を編集しましょう。
- □ リーフレットを作りましょう。
- □ パンフレットを作りましょう。

など

作者別・筆者別に読むと、作風や特徴がよくわかるね。

2 グレードに合った本を選ぼう（グレード別）

グレードというのは、「階級」「等級」という意味です。編集した人が、「〇〇歳」くらいで読んでほしい本と思っていることでもあります。ここでは、グレードの例とグレードを使った活動の例を説明します。

グレードの例

◆幼児向け
◆小学校低学年向け
◆小学校中学年向け
◆小学校高学年向け
◆中学校向け
◆高校向け

◆赤ちゃん〜2歳
◆3歳〜5歳
◆6歳〜8歳
◆9歳〜11歳
◆12歳〜14歳

こんな活動ができるよ

・グレードが違った同じ本の比べ読み
・自分でグレードを作り、本を集める活動

3　本の仲間に分けて（ジャンル別）

本は、大きく分けると「物語の仲間」と「科学読み物の仲間」に分けられます。それぞれの仲間をさらにジャンルに分けることができます。それぞれの仲間の代表的なジャンルを紹介します。

民話（昔話・世間話・笑い話、伝説など）
民衆の生活から生まれたとされてきた説話。
例：桃太郎、天のいわと　など

俳句・短歌
俳句は、5・7・5からなり、季語があります。
短歌は、5・7・5・7・7からなり、季語はありません。

戦争物語
戦争をしていた時代を描いた物語
例：一つの花、おこりじぞう　など

絵本
絵と文字で表した本。
例：スイミー　など

ファンタジー
不思議なことや不思議な世界を描いた物語。
例：モモ、だれも知らない小さな国　など

物語の仲間

科学読み物の仲間

図鑑
事物などを図で説明した本
例：昆虫図鑑　など

随筆・エッセイ
体験をふまえた考えを書いた本
例：子ども時代　など

科学絵本
科学について、絵と文で説明した本
例：タンチョウのきずな　など

伝記
偉人の一生を描いた本
例：キュリー夫人　など

4　シリーズで読むとおもしろい（シリーズ別）

物語でも科学読み物でもシリーズはあります。
それぞれのシリーズのおもしろさをあげてみました。

物語

シリーズ
同じ作者が、同じ登場人物やテーマなどで書いている作品です。題名にも、共通点があることが多いです。

例
・みんな友だち
・ぐりとぐら
・101ぴきのねこ　など

おもしろさ
・主人公の成長がわかる。
・お話の続きが楽しめる。
・登場人物がふえていく。など

科学読み物

シリーズ
同じ出版社が、同じ編集方針や方法で出版している図鑑です。

例
・くらべる図鑑
・ニューワード〇〇の図鑑
　　　　　　　　　　　など

おもしろさ
・編集を比べる。
・他の図鑑と内容を比べる。
　　　　　　　　　　　など

5　編集の意図を考えて読もう
―新書・電子書籍・全集・連載・名作選・文庫

本には、いろいろな考えで編集したものがあります。ここでは、どんな編集をした本があるのかを紹介します。

新書
新書版（173mm×105mm）の本。世の中の問題を扱っています。「岩波ジュニア新書」など。

電子書籍
デジタル機器の画面で読む「書籍」。パソコンや携帯電話、専用の表示端末などにデータを取りこんで見ます。電子ブック、デジタル書籍などともよばれています。軽いので、いつでもどこでも読めます。

全集
ある作者や筆者の作品をまとめたもの。全集を読むと、その人の人生全体を見ることができます。宮沢賢治全集、椋鳩十全集など。

連載
新聞や雑誌に続けて同じテーマや童話などを書くことです。先を読みたくても読めないから楽しみです。

名作選
ある種類の本の中から、読んでほしいという本を選び、それを数冊集めたものです。編集のメッセージを受け取ることができます。日本の童話名作など。

文庫
Ａ６版（105mm×148mm）の本。小型なので、持ち運びができます。岩波少年文庫、講談社青い鳥文庫など。

6 テーマは何だろう
―○○アルバム・○○ワールド・○○ランド・○○探検

本の表紙には、「～アルバム」「～ワールド」「～ランド」「～探検」「～の世界」「～の旅」などと書いてあるものがあります。それらの中には、本を編集する時に、テーマを決めて編集しているものもあります。

名前	テーマ	本の表紙
～アルバム	こん虫、植物、動物、宇宙などについて、アルバムのように写真と文章でテーマについて説明しています。	
～ワールド	動物、恐竜などの世界を「～ワールド」と言い、写真と文章を用いて、その世界を紹介しています。	
～ランド	折り紙の作り方などについて、写真、図、文章で説明しています。また、「もり」に住む動物たちが登場人物のお話を集めた物語もあります。	
～探検	こん虫、世界、算数などについて、キャラクターが探検しながら説明をしています。	

ほとんどがシリーズになっているよ。シリーズで読み比べるとテーマがわかるね。

4.「文学は楽しい」の使い方

図書館掲示ポスター&活用ポイントシートのねらい

「文学は楽しい」のポスター&ポイントシートは、主な文学の楽しみ方を説明しています。国語、総合的な学習などで使いましょう。学校図書館で掲示をする時には、文学のコーナーの近くに掲示をすると参考になるでしょう。

内容と指導のポイント

1　イメージを広げて読んでいこう―物語・昔話・詩歌集

　　物語、昔話、詩歌など、文学や作品を読む時には、作品世界や現実世界をイメージすることが大切です。物語、昔話、詩歌集の説明と読み方をまとめています。

2　ファンタジーの世界にひたろう―ファンタジー

　　学校図書館には、たくさんのファンタジーの本があります。児童もファンタジーの本は大好きです。ファンタジーとはどのような特徴の本なのか、ファンタジーの本にはどのような本があるのか、例を挙げています。

3　豊かな表現を味わおう―物語・科学読み物・語彙集・表現集

　　文学作品を読むと、上手に書いてあるなあと思うことがあります。このような上手な文章には、「豊かな表現」がたくさん入っています。豊かな表現というのは、どういう表現なのか、児童向けにはどのような本があるのかを示しています。

本を読もう　楽しもう！　学校図書館掲示ポスター＆活用ポイントシート　第3章

1　イメージを広げて読んでいこう—物語・昔話・詩歌集

物語や昔話、詩歌など、文章や作品を読む時には、作品世界や現実世界をイメージすることが大切です。

物語

物語とは、想像したお話

1　題名やさし絵を読みましょう。
- 題名は、どんな意味？
- さし絵からどんなことがわかる？
- 主人公や登場人物はだれ？
- どんな事件が起こるの？　など

2　自分に質問しながら読みましょう。
- 主人公は、どんな人？
- 主人公の性格は？
- 主人公は何才？
- 登場人物は、どんな人？
- 主人公との関係は？
- 次に何が起こるの？
- 主人公をどう思う？

昔話

昔話とは、実際にはありえない昔から伝わるお話

はじめのことば
- むかしむかしあるところに

おわりのことば
- とっぴんからりん
- どっとはらい
- めでたしめでたし　など

どんなお話かをたしかめましょう
- だれが出てきた？
- どんな事件が起こった？
- 最後は、どうなった？

くりかえしは、出てくる？
- 三回のくりかえしが多いよ。

詩歌集

詩歌とは、短歌、俳句、詩を集めたもの

詩の種類
- 自由詩と定型詩
- 少年少女詩、童謡集
- わらべ唄、マザーグースなど
- 短詩と長詩

詩の読み方
- 何に感動をしている？

短歌　5・7・5・7・7の5句
俳句　5・7・5の17音節
　季語を入れた短詩

短歌や俳句の読み方
- 言いたいことは、何？
- 何に感動をしている？

2　ファンタジーの世界にひたろう—ファンタジー

Q　ファンタジーって、どんなお話ですか？

A　ファンタジーとは、現実のことではない空想の物語のことです。現実の世界と現実ではない世界とを行ったり来たりします。また、空想の世界の中で物語が進むものもあります。
　シリーズもあるし、同じ作者が違ったファンタジーを書いているのもあります。不思議な世界に行ってみましょう！

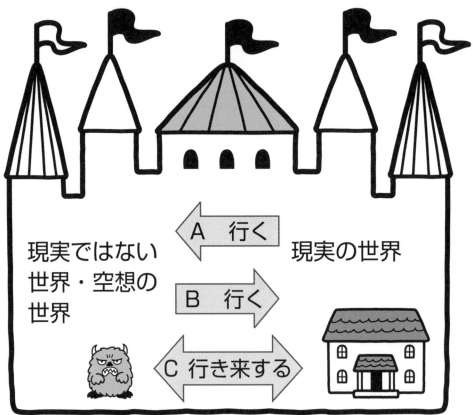

現実ではない世界・空想の世界　← A 行く　現実の世界
B 行く →
C 行き来する ↔

ファンタジーの例
◆指輪物語　◆ナルニア国物語　◆不思議の国のアリス
◆かいじゅうたちのいるところ　◆だれも知らない小さな国　など

本を読もう　楽しもう！　学校図書館掲示ポスター＆活用ポイントシート　第3章

3　豊かな表現を味わおう──物語・科学読み物・語彙集・表現集

文章を読むと、上手に書いてあるなあと思うことがあるでしょう。このような上手な文章には、「豊かな表現」がたくさん入っています。「豊かな表現」と言われるものに、レトリックといって修辞法や情景描写などがあります。また、豊かな表現を集めたものもあります。

	豊かな表現	例
物語	比喩（たとえ）	□夕焼けのように □まるで雲のように □雪のはだ　など
	擬人法（人にたとえる）	□船が散歩する □山がねている　など
	擬声語・擬態語・擬音語	□わんわん □しくしく　など
	反復法（くりかえし）	□あいたくて　あいたくて　など
	倒置法（反対にする）	□晴れだ！きょうは　など
	体言止め（終わりに名詞）	□寒い冬　など
	対句法（にた言葉をくりかえす）	□おう、なつだぜ 　おうあついぜ　など
	情景描写（情景で心情を表す）	□北風がピューとふいてきた　など

	豊かな表現	例
科学読み物	比喩（たとえ）	□太陽のように □まるで新幹線ように □なまりのからだ　など
	擬人法（人にたとえる）	□ひとりぼっちで立っている　など
	擬声語・擬態語・擬音語	□ガリガリ □クルクル　など
	倒置法（反対にする）	□走ってくる！車が　など
	体言止め（終わりに名詞）	□たくさんの荷物　など

豊かな表現を集めたもの

たくさんの豊かな単語（語彙）を集めた「語彙集」

例
『宮沢賢治のオノマトペ集』栗原敦
『絵本から擬音語・擬態語　ぷちぷちぽーん』後路好章
『どうぶつ句会　オノマトペ』あべ弘士

豊かな表現を集めたもの

作家などの優れた表現を集めた「表現集」

例
『日本の名作　出だしの一文』樋口裕一
『毎日楽しむ　名文365』林　望

5.「調べて考えたことについて，深く読んでみよう」の使い方

図書館掲示ポスター&活用ポイントシートのねらい

「調べて考えたことについて，深く読んでみよう」のポスター&ポイントシートは，調べて考えたことについて書いてある本を紹介しています。これらの本を配架しているところに掲示すると参考になるでしょう。

内容と指導のポイント

1　人の生き方を学ぼう―伝記

　人の一生を描いたものに伝記があります。伝記の説明，自伝と評伝という伝記の種類，伝記の読み方を紹介しています。伝記コーナーの近くに掲示をすると参考になります。

2　ガイドブックを活用しよう―ブックリスト・説明書・マニュアル・入門書

　手順や方法などを調べる本にはガイドブックがあります。ガイドブックには，ブックリスト，説明書，マニュアル，入門書などがあります。ガイドブックの例を挙げています。学校図書館にあるガイドブックを探す授業もおもしろいでしょう。

3　本の解説を手がかりにしよう―作品解説

　伝記やエッセイ，文庫本などの後ろには，本の解説をしているところがあります。伝記や物語の解説文の例や解説文に入っている要素を挙げています。

4　モデルを探そう―感想文集・意見文集

　学校図書館には，上手な感想文や意見文を集めたものがあります。どのようなものがあるのか例を示しています。参考にしたいところはどんなところなのかも紹介しています。意見文のモデルとなる作品集コーナーを設置して，まとめておくとよいですね。

5　本を紹介したものを参考にしよう―ブックガイド・ポスター・本の紹介リーフレット

　本を紹介したブックガイド・ポスター・リーフレットは，学校図書館や本屋さんでも見かけます。それらを参考にして本を選択することもよいですね。

6　筆者の体験と考えを結び付けて読もう―エッセイ

　随筆（エッセイ）とはどのようなものかを説明しています。また，小学生向けの随筆の例や読み方も紹介しています。

1 人の生き方を学ぼう—伝記

人の一生を描いたものを「伝記」と言います。伝記には、自伝と評伝があります。自伝とは、自分のことを自分で書いた伝記のことです。自叙伝とも言います。評伝とは、偉人について調べた筆者が書いた伝記のことです。評伝には、筆者の評価を入れずに物語のように書いた伝記と筆者の評価が入った伝記があります。

ヘレン・ケラーの伝記にも、自伝と評伝があります。キュリー夫人の評伝にも、物語のように筆者が書いている伝記と筆者の評価が入った伝記があります。

 自伝なので、「わたしは」で書いてあります。

評価する文章はありません。

「ひとりの人間として、女性として、心やさしくうつくしく、しかも、たくましく生きて……」という評価する文章があります。

一人の偉人を書いた伝記もあれば、あるテーマにもとづいてたくさんの偉人を集めた伝記集などもあります。

スポーツで夢をあたえた人　伝記ものがたり101話

評伝（評価をしている作品）の読み方

○偉人が実際に行ったことと伝記を書いた筆者が評価したこと（すばらしいなど）を区別して読みましょう。

○自伝と評伝、評伝と評伝を読み比べて、どんなことを取り上げているのか、書き方はどう違うのかなど比べましょう。

2　ガイドブックを活用しよう
―ブックリスト・説明書・マニュアル・入門書

ガイドブックとは、本やイベント、旅行などについて案内や説明をした本や小冊子のことです。学校図書館でさがすと、ガイドブックとして本のブックリストがおさめられています。他には、説明書、マニュアル、入門書などがあります。

ブックリスト

◇○○県の赤ちゃんのためのブックリスト
◇夏（冬）のブックリスト100
◇○○小学校　ブックリスト
◇○○図書館　おすすめブックリスト
◇卒業生へのブックリスト
◇冬（夏）休みの本　ブックリスト
◇楽しい絵本　ブックリスト
◇名作選50　　　　など

説明書，マニュアル，入門書など

ガイドブックなどの読み方

ガイドブックを読む目的には、何かについて調べたい、何かを作りたい、何かをしたいなどという目的があります。目的が解決できるようなところをさがして読みましょう。目次、索引などを参考にするとさがしやすいです。

3 本の解説を手がかりにしよう―作品解説

伝記やエッセイ、文庫本などの後ろに作者や筆者とは違った専門の人が、本の「解説」をしているところがあります。解説とは、その本について、読み手がよくわかるように作品をいろいろな点から説明することです。作品についての疑問を解決する時に参考にするといいね。

伝記の解説文の例

みなさんのよく知っている～は、この本を書いた○○と親しかった人です。○○が、五十才の時に、つぎのように言いました。
「・・・・・・」と。
また、□□の作者である△△は、○○がまだ若いころ、こうたずねました。
「・・・・・・」
すると、「・・・・・・」
・・・この愛があったからでした。

物語の解説文の例

作者である○○は、～や～、～などというような多くの作品を発表している。
○○は、小さいころの体験にもとづいて、物語を考えたということを言っている。小学生までは、島に住んでいて、その島には、イノシシ、ウサギなどが住んでいたそうだ。・・・・・・○○は、この作品について、「・・・・・・」という思いで書いたことを明かしている。
・・・読者は、普通の世界とは違った世界に引き込まれるであろう。

作品の解説文に入っていること

○作家や筆者の他の作品
○作品のあらすじ
○作品ができた理由や背景
○解説文を書いた筆者の評価 など

（参考文献：井上一郎編著『小学校国語「汎用的能力」を高める！アクティブ・ラーニング サポートワーク』明治図書，2015年12月）

4 モデルを探そう―感想文集・意見文集

感想文や意見文を書くことがよくありますね。上手な感想文や意見文などを集めた冊子が学校図書館にはあります。それらをモデルにして書くこともいいですよ。

感想文のモデルを探そう！

低・中・高学年別に出版されています。

参考にしたいところを探しましょう。
○どんな本を選んでいるでしょうか。
○題名は、どうつけているでしょうか。
○構成は、どうなっているでしょうか。
○書き出しは、どう書いているのでしょうか。
○どんな感想の言葉を使っていますか。
○どんな体験を入れていますか。
○こう書けばもっといい感想文になるよというアドバイスはありますか。

意見文のモデルを探そう！

毎年、国や県、団体から作品集が学校にとどきます。それらを集めておくといいですね。

参考にしたいところを探しましょう。
○どんな体験をしているのでしょうか。
○体験から、どんな意見をもったのでしょうか。
○題名は、どうつけているでしょうか。
○構成は、どうなっているでしょうか。
○書き出しは、どう書いているのでしょうか。
○こう書けばもっといい意見文になるよというアドバイスはありますか。

5 本を紹介したものを参考にしよう
―ブックガイド・ポスター・本の紹介リーフレット

本を紹介したものには、本の紹介文、本の案内文、ブックガイド、ポスターなどがあります。それらを参考に本を選ぶこともできます。

ブックガイドの例

子どもが大好きな本!

子どもたちに大人気!

作　那須　正幹	作・絵	作　寺村　輝夫
絵　前川　かずお	原　ゆたか	絵　永井　郁子
出版　ポプラ社	出版　ポプラ社	出版　あかね書房

ポスターの例

動物対決シリーズ

強いのは、どっち?
二つをくらべてみよう

待望の1冊!

○○出版
定価△円

リーフレットの例

2016年版
夏の児童書ベスト
セレクション

夏休みの自由研究の
ヒントがいっぱい!

4歳〜小学校初級むき
むしたちのさくせん
むしたちのかくれ
んぼさくせんや
………

高学年〜
わたしの名字
はどこからき
たの?………
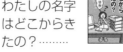
名字のふしぎを…………

読むポイント
○本の名前　○作者名・筆者名
○出版社名　○本の値段　○あらすじ
○グレード（○学年〜）
○読者の感想　○おすすめの言葉
○キャッチコピー　など

6 筆者の体験と考えを結び付けて読もう ―エッセイ

筆者が、体験したことや見聞きしたことをもとに、自分の感想や考えをまとめたものを随筆（エッセイ）と言います。

随筆の例

| 考え | 筆者の体験 |

　染物工場の母

　母の手は、いつも染まっていた。手の甲も、掌も、青や赤の色が付いていた。仕事から戻ってきて、手を洗ってもその色はすっかり消えることはなかった。母は、染物工場で働いていた。大きな釜が沸騰している。その釜の中に七十〜八十センチぐらいの輪に束ねた糸を、どっぷりと浸ける。…………
　小学校三年から四年生の頃、学校から家に帰ると母親が働いている工場に出かけた。…………………
　きれいな手をしていなくとも、同じおかずのメニューであっても、子どもたちには不満はない。毎日毎日、同じ作業をしながら黙々と働く姿によって、生きることの意味を教えてくれたのだ。

井上一郎著『子ども時代』明治図書、二〇〇七年七月

随筆には、右のように筆者の体験とそれについての感想や考えが書いてあります。体験と考えを結び付けて読みましょう。

（参考文献：井上一郎編著『小学校国語「汎用的能力」を高める！アクティブ・ラーニング サポートワーク』明治図書，2015年12月）

6.「読み方を工夫しよう」の使い方

図書館掲示ポスター&活用ポイントシートのねらい

「読み方を工夫しよう」のポスター&ポイントシートは,本を読む時に,小学生でこんな深い読み方が身に付いていればいいなあという読み方を示しています。

内容と指導のポイント

1 比べて読むとおもしろい—比べ読み・重ね読み
　複数の本や資料を比べて読む「比べ読み」と「重ね読み」を示しています。
2 目標を決めてチャレンジしよう—ブックウォーク・読書マラソン
　目標を決めて読む方法としてブックウォークと読書マラソンを紹介をしています。
3 評価しながら考えて読もう
　物語や科学読み物をどのような観点で評価しながら読むのかをまとめています。
4 文章の原作・原本(底本)と比べて違いを見つけよう
　同じ作品でも,教科書の文章と本の文章を比べると,文章や挿絵などが違うことがあります。原作・原本(底本)の説明と読み方,例を示しています。
5 表やグラフと本文を比べながら考えよう
　表やグラフと本文との比べ方を紹介しています。
6 速く読もう・予想して読もう
　読み方には,「速く読む(速読)」という読み方や「予想して読む」という読み方があります。速く読む読み方や予想して読む読み方の方法を示しています。
7 疑問をもって読もう
　物語や科学読み物を読む時に疑問をもって読む読み方があります。具体的には,どんな疑問をもって読めばよいのかを挙げています。
8 本を分析して読もう
　物語や科学読み物を読む時に分析して読むことがあります。その分析の目的,分析の観点の例をまとめています。
9 関係付けて読もう
　作品を読む時には,作品といろいろなことを関係付けて読むことが必要になります。作品とどのようなことを関係付けて読むとよいのかを示しています。

1　比べて読むとおもしろい —比べ読み・重ね読み

比べる方法は、二つあります。「比べ読み」と「重ね読み」です。比べ読みは、何かを見つける時やわかりたい時に、二つの文章を比べることです。重ね読みは、一つの作品を手がかりに同じ作者やテーマごとに、数さつの本を読むことです。

比べ読み

比べ読みをする時のポイント
1. どのような文章や資料などで比べるの？
2. どのようなことで比べるの？

おもしろい比べ読みの例

事件から始まる。	物語のはじめの部分を比べる。	主人公の紹介から始める。
見えるものから見えないものへ。	説明文の事例のあげ方を比べる。	見たことがあるものからないものへ。

比べ読みは、ある部分だけ比べるんだね！

重ね読み

重ね読みをする時のポイント
1. 重ね読みする目的は何？　何のため？
2. どのようなことで比べるの？

おもしろい重ね読みの例

銀河鉄道の夜　　風の又三郎
セロひきのゴーシュ　　よだかの星
→　宮沢賢治
↓
宮沢賢治の作品の特ちょうを見つける。

重ね読みは、たくさんの本を1さつずつまるごと読んで比べます。

2 目標を決めてチャレンジしよう —ブックウォーク・読書マラソン

目標を決めてチャレンジして読む方法には、ブックウォーク、読書マラソン、読書旅行、読書貯金などがあります。ここでは、ブックウォークと読書マラソンを説明します。さあ、チャレンジだ！

目標を決めてチャレンジしよう　方法1　ブックウォーク

1　「宣言書・読書カード・認定書」が入った封筒を先生などからもらいましょう。
2　自分で、一定の期間、自由な方法で読書をする内容や方法を決め、宣言書に書き、提出をしましょう。
3　計画にしたがって、読書を進め、読書カードに記録をしましょう。
4　一定の期間が終わったら、読書カードを提出し、認定書をもらいましょう。

目標を決めてチャレンジしよう　方法2　読書マラソン

目標を決めて、ページ数や冊数を距離になおして、記入するようにしたカードなどで目標を目指して読書をすることです。

（参考文献：井上一郎編著『ブックウォークで子どもが変わる』明治図書，2005年2月）

3　評価しながら考えて読もう

本を読む時に、書いてあることは正しいのか、正しくないのか、その表現は優れているのか、優れていないのかなどと評価しながら読むことがあります。ここでは、「物語」と「科学読み物」を読む時に、どのような観点で評価しながら考えて読んでいくのかを紹介します。

物語や科学読み物で書いてあることが必ずしも正しい情報であるとはかぎらないんだね！

物語を評価しながら読む時の観点

- □ 作品の題名の付け方はぴったりですか。
- □ 表現豊かな書き出しですか。
- □ 登場人物や主人公はみりょくてきですか。
- □ もっと他の登場人物が必要ですか。
- □ ひきこまれる構成ですか。
- □ 事件は、わくわくしますか。もっと他の事件があったほうがいいですか。
- □ 事件の解決は、すっきりしますか。
- □ 描写はたくみですか。
- □ 反復のおもしろさや比喩のうまさなどはありますか。
- □ 気持ちや心情の変化は、見事ですか

など

科学読み物を評価しながら読む時の観点

- □その本に書かれてある内容の事実は、正しいですか。
- □事実から考えられることは、てきせつですか。
- □始めと中と終わりは同じことを言っていますか。
- □構成は、たくみですか。
- □データは、正しいですか。古くありませんか。
- □データから考えられることは、十分ですか。
- □グラフや表をうまく活用していますか。
- □もっとほしい資料、グラフ、写真などはありませんか。

など

4 文章の原作・原本(底本)と比べて違いを見つけよう

原作とは、元の作品のことです。例えば、最初に物語で発表されたものが、映画やマンガ、アニメなどになれば、物語が原作になります。原本(底本)とは、教科書にのせる時に、元にする文章のことです。教科書の物語は、原本と違って、教科書用に書きかえてある場合があります。

映画の原作が、物語であることがあります。例えば、アンデルセン物語、イソップ物語、スイミー、指輪物語、ナルニア国物語などです。

教科書の原本が、絵本や物語であることもあります。さし絵がへっていたり、文章が違っていたりすることもあります。

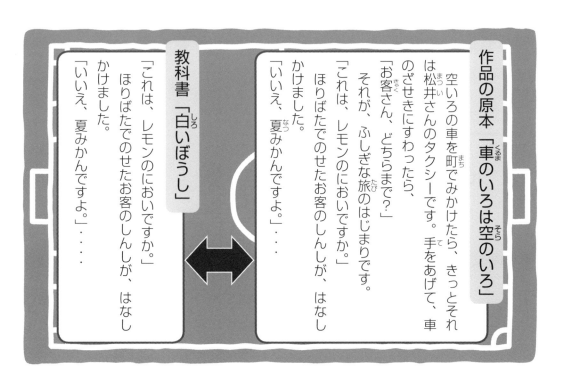

作品の原本「車のいろは空のいろ」

空いろの車を町でみかけたら、きっとそれは松井さんのタクシーです。手をあげて、車のざせきにすわったら、ふしぎな旅のはじまりです。
「お客さん、どちらまで?」
それが、
「これは、レモンのにおいですか。」
ほりばたでのせたお客のしんしが、はなしかけました。
「いいえ、夏みかんですよ。」・・・

教科書「白いぼうし」

「これは、レモンのにおいですか。」
ほりばたでのせたお客のしんしが、はなしかけました。
「いいえ、夏みかんですよ。」・・・

5　表やグラフと本文を比べながら考えよう

筆者の考えを根きょづける時に、表やグラフを使うことがあります。筆者は、自分が言いたいことに合わせて、表やグラフを使います。表やグラフから、本当に筆者の考えが言えるのか、確かめることが大切です。

表やグラフと本文の比べ方

表の読み方

1　題名を読みましょう。
2　縦と横は、何を表しているのかを読みましょう。
3　変化（部分と全体）を読みましょう。

グラフの読み方

1　題名を読みましょう。
2　縦じくと横じくを読みましょう
　　（単位を調べましょう）
3　一目盛りは、いくらかを読みましょう。
4　数値を読みましょう。（定規をあてましょう）
5　変化（部分と全体）を読みましょう。
　　（定規をあてましょう）

2つの表やグラフの読み方

1　上のように、それぞれの表やグラフを読みましょう。
2　特に、目盛りの単位の違いなどを確認しましょう。
3　それぞれの表やグラフで、多くなったり、少なくなったりしたところを取り上げ、関係を考えましょう。

□この表やグラフから、本当にそのような数値が言えますか。
□この表やグラフから考えたことは、正しいですか。
□筆者は、なぜこの表やグラフを使ったのですか。
□もっと違う表やグラフを使ったほうが、言いたいことが伝わるのではないでしょうか。
など

6　速く読もう・予想して読もう

読み方には、「速く読む」読み方や「予想して読む」読み方があります。速く読むことを「速読」と言います。左下は、速読のやり方を説明しています。右下は、予想して読む方法を物語と科学読み物に分けて紹介しています。

速く読もう（速読）

1. 本を読むことで何を得たいのか、知りたいのか決めましょう。
2. 目を行の中心において、右、左、上、下と動かしましょう。
3. 大事なところだけをとばしながら読みましょう。
4. 文章構成に着目して読みましょう。

予想して読もう

科学読み物
- □題名から、何についての説明なのか予想しましょう。
- □問いかけの文がある時には、その答えを予想しましょう。
- □結論を予想しましょう。

　　　　　　　　　　　　など

物語
- □題名から、どんなお話なのか予想しましょう。
- □登場人物の関係がどう変わるのか予想しましょう。
- □事件がどのように解決するのか予想しましょう。

　　　　　　　　　　　　など

7 疑問をもって読もう

 Q 物語では、どのような疑問をもって読んだらいいの？

A 物語を読む時の疑問の例です
- □なぜ、こんな題名をつけたのでしょうか。
- □どうして、最初の場面に登場人物のことをくわしく書いていないのでしょうか。
- □だれとだれが「みかた」でしょうか、「てき」でしょうか。
- □二人の関係は、いつ深まるんでしょうか。
- □どのようにして事件を解決したんでしょうか。

など

Q 科学読み物では、どのような疑問をもって読んだらいいの？

A 科学読み物を読む時の疑問の例です
- □なぜ、はじめの部分に、今から説明することについてくわしく書いてあるのでしょうか。
- □なぜ、ここに最初の疑問を書かないで答えを出したんでしょうか。
- □どうして、新聞の記事を引用したんでしょうか。
- □ここに地図や表、グラフ、写真などを使った効果は、何でしょうか。
- □結論が書いていないので、書くとするとどのような結論になるのでしょうか。

など

物語や科学読み物を読んでいく時に、「なぜ」「どうして」「どのように」など疑問をもつでしょう。そのように疑問をもって読むと自分の考えが深まるので、とてもよいですね。

8　本を分析して読もう

分析をして読むというのは、目的にてらして、ある観点で、作品の全体を分けて読むということです。

物語

1　分析する目的は、何ですか。
　○物語の構成を考えたい。
　○登場人物の関係をとらえたい。
　○主人公や登場人物の行動や気持ちの変化を考えたい。

2　物語を分析しましょう。
　○物語の構成を考えたい。

　　事件→事件前→事件後で考えましょう。

　○登場人物の関係をとらえたい。

　　登場人物関係図をかきましょう。

　○主人公や登場人物の行動や気持ちの変化を考えたい。

　　表や心情曲線を書きましょう。

科学読み物

1　分析する目的は、何ですか。
　○〜って何か調べたい。
　○〜を知りたい。
　○〜が正しいのか確かめたい。

2　科学読み物の全体や関係のある部分を分析しましょう。

　わかりやすいように
　・表やグラフにまとめましょう。
　・図や絵にかいて説明しましょう。
　　　　　　　　　　など

9　関係付けて読もう

作品を読む時には、作品といろいろなことを関係付けて読むことが必要です。下の図は、どんなことと作品を関係付けて読まなければならないのかを例をふくめて示しています。

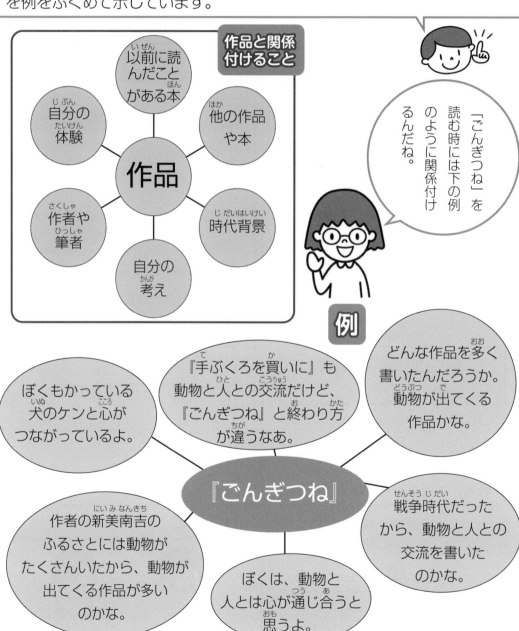

7.「本を使っていろいろな活動をしよう」の使い方

図書館掲示ポスター&活用ポイントシートのねらい

「本を使っていろいろな活動をしよう」のポスター&ポイントシートは，国語，総合的な学習，特別活動などでできるような読書活動などをまとめています。学校図書館や教室，廊下などに掲示することができます。

内容と指導のポイント

1　物語のあらすじのまとめ方

　　物語の紹介文や推薦文，感想文などに書くあらすじは，どのような手順で書けばよいのでしょうか。「ももたろう」で短い文と少し長いあらすじを書いてみました。

2　登場人物を関係付けて

　　物語の登場人物同士の関係とは，実際の関係（親子や友達など）と物語の中の関係（変化をする関係）があります。紹介文や推薦文，感想文などを書く時にも，登場人物同士の関係を書くことがあります。そのような時に参考になります。

3　作者ってどんな人？

　　物語の作者に注目して，人物事典を作ったり，記念館を作ったりしてまとめていくことがあります。作者に注目して読書活動をする時の手順やまとめ方を紹介しています。

4　感想文って，このように書くんだよ—物語・科学読み物

　　感想文には，どのようなことを書けばいいのか，迷うことがあります。感想文に入っている要素と書き始めの例をまとめています。

5　好きな本を紹介，推薦しよう—物語・科学読み物

　　好きな本を友達などに紹介したり，推薦したりすることがあります。物語と科学読み物に分けて，紹介文や推薦文に入れる要素，紹介文や推薦文を書く手順をまとめています。

6　物語を読んで，楽しく表現しよう—人形劇・紙芝居・音読劇・ストリーテリング・読み聞かせ

　　物語を読んで表現する主な活動を五つ紹介しています。それぞれの表現活動の説明，使うものを表にまとめています。

7　わくわくする読書活動—ブックトーク・説明会・読書クラブ・読書イベント

　　楽しい読書活動はたくさんあります。その中で，ぜひ小学校でも取り組んでほしい読書活動を四つ紹介しています。読書活動の説明，特徴や手順などを示しています。

1　物語のあらすじのまとめ方

紹介文や感想文を書く時に、あらすじを入れることがあります。目的や字数によって、あらすじの書き方がちがってきます。

| 28字のももたろうのあらすじ | 131字のももたろうのあらすじ |

1　主人公と登場人物を決めましょう。

ももたろう、おに

ももたろう、おに、いぬ、さる、きじ、おじいさん、おばあさん

2　できごとを決めましょう。

おにたいじをしました。

① ももからももたろうが生まれました。
② おにたいじをしました。
③ 村にかえりました。

3　「〜ました。」で書くのか、「〜だ。」で書くのか決めて書きましょう。

字数によって、あらすじがちがうね。

ももたろうが、おにがしまでおにをたいじするおはなしです。（28字）

おばあさんが、かわでひろったももをきろうとしたら、ももからももたろうがうまれた。ももたろうは、いぬとさるときじをつれて、むらをあらしていたおにをおにがしまにたいじにいった。おにをたいじしたももたろうは、おじいさんとおばあさんのところにかえり、しあわせにくらした。（131字）

2　登場人物を関係付けて

物語の登場人物の関係には、二通りあります。一つは、友だち関係や親子関係など、実際の関係です。もう一つは、実際の関係ではなく、物語の中での関係や物語が進んでいくと、変化していく関係です。下の図のように、はじめはクラスメートだったのが、ライバルになり、最後は親友になったというようなことです。

友だち

この他にも、近所関係、祖父母とまごの関係、全くの他人などがあるよ。

親子

実際の関係の例

兄弟

物語の中の関係の変化の例

ライバル

親友

クラスメート

3 作者ってどんな人？

物語の作者に注目して、読書活動をすることがあります。下の図は、作者に注目するとどんな読書活動があるのか、そのためには、どのようにして情報を集めたらいいのか、まとめるためには、どんなことを入れるのかをまとめてみました。

1　作者について、どのようにまとめるのか決めましょう。

- 人物事典を作る。
- ○○記念館を作る。
- 作者になってインタビューを受ける。

2　作者について、情報を集めましょう。

- 記念館を参考にしましょう。
- 作家年譜・作品年譜を読みましょう。
- 作家のパンフレットやリーフレットを読みましょう。
- 作品を読みましょう。（全集・グレード別など）
- 作品の書評や作者の伝記、名言集を読みましょう。

3　どんなことを入れてまとめたらいいのでしょうか。

- 名前・生年月日・出身地
- 後に与えた影響
- 年表・写真・エピソード
- 代表作
- 家族構成・兄弟

かんせい
完成！

4 感想文って、このように書くんだよ —物語・科学読み物

感想文に書くことをまとめてみました。ふせん紙にたくさんメモをして、書くことを決め、書く順番を考えましょう。ふせん紙の中から、中心となる感想の言葉を決めましょう。

物語

感想文に書くこと

- 読んだ後で、考えたことや考えが変わったこと
- 今後の生き方を考えたこと
- かんたんなあらすじ
- 一番伝えたいこととそのわけ
- 主人公や登場人物と自分を比べて
- 同じテーマや作者の本と比べて
- 自分の経験と比べて
- 読もうと思ったきっかけ
- 主人公と同じ経験
- 初めて読んだ感想

など

書き始めの例

◆試合終了。私はくやしくてたまらなかった。……心の中で何度もつぶやいた。そんな時に父が手渡してくれたのが、この本だった。

◆「正直な人になってね。」と祖母は口ぐせのように私に言う。主人公の○○と同じだ。

科学読み物

感想文に書くこと

- 本との出合い
- 題名から考えたこと
- 読んだ後で、考えが変わったこと
- さらに、実験や研究をしたいこと
- 実験や観察を実際に行って、本と比べての感想や考え
- 他の科学読み物と比べて、同じことや違っていること
- 筆者の考え方についての感想や意見
- 何回も読んで、変わっていった感想
- 疑問に思っていることやそのわけ
- 実験や観察をして、さらに調べたいこと
- 引用したい言葉

など

書き始めの例

◆○○ということを聞いた時、私はとてもびっくりした。

◆○○という本を図書館で見つけました。私はその題名が気になりました。

5 好きな本を紹介、推薦しよう—物語・科学読み物

本の紹介とは、こんな本があるよと紹介することです。本の推薦とは、特定の人やたのまれた人に対して、相手のことを考えて推薦する理由を強く出して推薦することです。推薦が紹介よりも相手の目的に合った本を推薦するので、責任が問われます。紹介や推薦をする時に入れるものは、物語と科学読み物でちがいます。

紹介文に入れること

物語
- □ 紹介の理由
- □ 主人公や登場人物の紹介
- □ 作者の紹介
- □ あらすじ
- □ 事件やテーマ
- □ 紹介のことば
- □ 本文の引用 など

科学読み物
- □ 紹介の理由
- □ 初めて知ったこと、驚いたこと
- □ 筆者の紹介
- □ 筆者の考えや意見
- □ 紹介のことば
- □ 本文の引用 など

推薦文に入れること

推薦文には、「紹介文に入れること」の他に、読んでほしい人（年齢・立場・状況）、読んでほしい時や場所、本の評価、心に残る名ゼリフ、現実との結び付き、読み手への思いなどが入ります。

紹介や推薦の手順

1. 紹介や推薦の目的をはっきりさせましょう。
2. 紹介や推薦する本を選びましょう。
3. 書く字数や書く時間を決めましょう。
4. 紹介文や推薦文の構成を考えましょう。
5. 紹介文や推薦文を書きましょう。
6. 本と一緒にかざって、評価をしましょう。

6 物語を読んで、楽しく表現しよう
―人形劇・紙芝居・音読劇・ストーリーテリング・読み聞かせ

表現活動	使うもの	内容
人形劇	人形、ペープサート、指人形、パペット、棒人形、マリオネット　など	読んだ本や文章を、地の文や会話文、ト書きなどにして、台本にまとめ、人形の動きやせりふなどで表現した劇。
紙芝居	紙芝居	シナリオにそってかかれた数枚から十数枚の絵を、そのお話にそってそろえて重ね合わせ、1枚目から順番に見せながら、すじ書きとセリフで語っていく芝居。見せ終わった絵は、横に引きぬいて後ろに回して、お話を続けます。紙芝居の演じ手は、観客を見ながら、絵の引きぬき方、声色などを考えましょう。
音読劇	小道具　など	配役や役割分担を決めて、地の文や会話文などをだれが読むのか話し合い、声の大きさ、強弱などを工夫した劇。
ストーリーテリング		聞き手に語るという意味。ストーリーテリングをするためには、シナリオを書く必要があります。聞き手にも参加してもらうこともできます。簡単な歌や動作でかけ声や繰り返しの言葉を一緒に言ってもらうと楽しいでしょう。
読み聞かせ	本	本（物語や科学読み物など）を読んで聞かせること。大人が子どもに、違う学年の友だちに、図書委員会が下級生に読み聞かせをすることができます。読み聞かせをする時には、目的、場所、対象（だれに）、人数、時間、道具などを考えましょう。

物語を読んで表現する方法は、劇にする、語るなど、たくさんの方法があります。ここでは、特に、小学校でよく行っている人形劇、紙芝居、音読劇、ストーリーテリング、読み聞かせを説明します。

7 わくわくする読書活動
―ブックトーク・説明会・読書クラブ・読書イベント

ブックトーク

Q ブックトークって何？
A あるテーマを立て、決まった時間内に何冊かの本を聞き手に紹介するものです。

Q ブックトークの目的とは何？
A 「その本の内容を教えること」ではなく、その本のおもしろさを伝え、聞き手にその本を読んでみたいという気持ちをおこさせることです。

Q ブックトークの特徴とは？
A 読み聞かせや音読とはちがって、本を最初から終わりまで読んでいくということはしません。

説明会

Q 説明会って？
A 「料理の説明会」「折り紙の折り方の説明会」など、何かの説明をする会のことです。

Q 説明会はどのようにするの？
1 目的を決めましょう。
2 期日、場所、相手、時間を決めましょう。
3 説明の方法を決めましょう。
4 シナリオをつくりましょう。
5 練習をしましょう。
6 シミュレーションをしましょう。
7 リハーサルをしましょう。
8 説明会の本番をしましょう。
9 振り返りをしましょう。

楽しい読書活動は、たくさんあります。その中でも、主な読書活動を四つ説明します。

読書クラブ

Q 読書クラブって？
A ブッククラブとも言い、読書会のことです。

Q 読書クラブのやり方は？
□輪読会
　本を少しずつ読んでいく方法
□テキスト読書会
　同じ本を使う読書会
□テーマ読書会
　同じテーマであれば本は同じである必要はない読書会
□自由読書会
　本もテーマも決まっていない読書会

読書イベント

Q 読書イベントとは何？
A 読書に関するイベントのことです。

Q 読書イベントの種類は？
□朝の読書
□読み聞かせ
□読書会
□オーサー・ビジット（本を書いた人がお話にきてくれること）
□ブックトーク
□読書感想文発表会
□読書講演会
　　　　　　　　　　など

第④章 読書活動 必読書をステージ別で読んでいこう！学校図書館掲示ポスター＆活用ポイントシート

本章では，必読書をステージ別で読んでいくことについて，三節に分けて構成しています。最初に，全体の表紙及び目次のモデルとなるシートを示し，次に必読書を示しています。

1.「読書活動 必読書をステージ別で読んでいこう」の使い方

図書館掲示ポスター＆活用ポイントシートのねらい

「読書活動 必読書をステージ別で読んでいこう」のポスター＆ポイントシートは，卒業するまでに読んでほしいという本をステージ別に一覧表にしたものです。ハンドブックにして配布することもできます。

内容と指導のポイント

1 「読書活動 必読書をステージ別で読んでいこう」ハンドブック・表紙

　これは，「読書活動 必読書をステージ別で読んでいこう」（116頁〜123頁）を1冊に綴じてハンドブックとして児童に配布する時の表紙になります。

2 「読書活動 必読書をステージ別で読んでいこう」ハンドブック・目次

　これは，「読書活動 必読書をステージ別で読んでいこう」（116頁〜123頁）を1冊に綴じてハンドブックとして児童に配布する時の目次になります。表紙の次に綴じてください。

　各ステージ別読書は，第1学年から学年を想定して選書していますが，前学年や後学年の児童が挑戦してもかまいません。

3　ステージ別必読書①
4　ステージ別必読書②
5　ステージ別必読書③
6　ステージ別必読書④
7　ステージ別必読書⑤
8　ステージ別必読書⑥

1 「読書活動　必読書をステージ別で読んでいこう」ハンドブック・表紙

_____小学校

「読書活動　必読書をステージ別で読んでいこう」
ハンドブック

年　　組

名前

平成　　年　　月

読書活動　必読書をステージ別で読んでいこう！　学校図書館掲示ポスター＆活用ポイントシート　第4章

2 「読書活動　必読書をステージ別で読んでいこう」ハンドブック・目次

「読書活動　必読書をステージ別で読んでいこう」の使い方

「読書活動　必読書をステージ別で読んでいこう」は、学校図書館でこれだけは卒業するまでに読んでほしいという本を選んで、一覧表にしたものです。どのステージに挑戦するのかは、自分で選んでください。選んだステージの本を読んでしまったら、次のステージを選んで挑戦しましょう。

1 「読書活動　必読書をステージ別で読んでいこう」の使い方

1　「読書活動　必読書をステージ別で読んでいこう」ハンドブック・表紙 ……… 116
「読書活動　必読書をステージ別で読んでいこう」を作成する時に、表紙に使いましょう。

2　「読書活動　必読書をステージ別で読んでいこう」ハンドブック・目次 ……… 117

3　ステージ別必読書①……………………………………………………………… 118
「ステージ別必読書①」は、主に第1学年向けに本を選んでいます。

4～8　ステージ別必読書②～⑥…………………………………………………… 119
「ステージ別必読書②」は、主に第2学年向けに本を選んでいます。他も、ステージの番号と学年の番号が合うようにしています。しかし、例えば、第2学年の人が、①を挑戦してもよいですし、第6学年の人が③から挑戦してもかまいません。

3　ステージ別必読書①

☆1さつよんだら　どくしょカードを　かいて、せんせいにみせよう。シールを　はってもらえるよ。
20さつ　ぜんぶに　シールが　ついたら、ステージ①はクリアだよ。

なまえ

	まど・みちおししゅう ぞうさん・くまさん	よんだら シールを はって もらおう		すてきな三にんぐみ	よんだら シールを はって もらおう
	ことばあそびうた	よんだら シールを はって もらおう		はたらくじどうしゃ ずかん	よんだら シールを はって もらおう
	かにむかし	よんだら シールを はって もらおう		かいじゅうたちの いるところ	よんだら シールを はって もらおう
	ももたろう	よんだら シールを はって もらおう		もりのなか	よんだら シールを はって もらおう
	しんせつなともだち	よんだら シールを はって もらおう		ぐりとぐら	よんだら シールを はって もらおう
	てぶくろ	よんだら シールを はって もらおう		ねずみくんのチョッキ	よんだら シールを はって もらおう
	しょうぼうじどうしゃ じぷた	よんだら シールを はって もらおう		はっぱのあかちゃん	よんだら シールを はって もらおう
	めっきらもっきら どおんどん	よんだら シールを はって もらおう		こいぬがうまれるよ	よんだら シールを はって もらおう
	はらぺこ　あおむし	よんだら シールを はって もらおう		アリからみると	よんだら シールを はって もらおう
	きみなんか だいきらいさ	よんだら シールを はって もらおう		雨、あめ	よんだら シールを はって もらおう

4　ステージ別必読書②

☆1さつ よんだら どくしょカードを かいて、先生に 見せよう。シールを はってもらえるよ。
20さつ ぜんぶに シールが ついたら、ステージ②は クリアだよ。

名まえ

	のはらうた I	よんだらシールをはってもらおう	としょかんライオン	よんだらシールをはってもらおう
	どうぶつはいくあそび	よんだらシールをはってもらおう	ともだちや	よんだらシールをはってもらおう
	これは のみの ぴこ	よんだらシールをはってもらおう	ふたりは ともだち	よんだらシールをはってもらおう
	だいくとおにろく	よんだらシールをはってもらおう	ピーターラビットのおはなし	よんだらシールをはってもらおう
	やまなしもぎ	よんだらシールをはってもらおう	葉っぱのフレディ	よんだらシールをはってもらおう
	ガンピーさんのふなあそび	よんだらシールをはってもらおう	トマトの ひみつ	よんだらシールをはってもらおう
	アレクサンダとぜんまいねずみ	よんだらシールをはってもらおう	おちばの したをのぞいてみたら…	よんだらシールをはってもらおう
	ちいさいおうち	よんだらシールをはってもらおう	宇宙をみたよ！	よんだらシールをはってもらおう
	おしゃべりなたまごやき	よんだらシールをはってもらおう	だんごむしそらを とぶ	よんだらシールをはってもらおう
	おしいれのぼうけん	よんだらシールをはってもらおう	どうぶつえんガイド	よんだらシールをはってもらおう

5　ステージ別必読書③

~ひつどく図書のすすめかた~
① 下の中から読みたい本、まだ読んでいない本をえらぼう。
② 1冊読んだら読書カードを書こう。
③ 書いた読書カードを先生に見せて、シールをはってもらおう。
☆20さつ全部読めると、ステージ③はクリアだよ☆

名前

	本			本	
	ことばのこばこ	よんだらシールをはってもらおう		ハリネズミ・チコ(1)　大きな船の旅ジャカスカ号で大西洋へ	よんだらシールをはってもらおう
	へらない稲たば	よんだらシールをはってもらおう		くまの子ウーフ	よんだらシールをはってもらおう
	かたあしだちょうのエルフ	よんだらシールをはってもらおう		大どろぼうホッツェンプロッツ	よんだらシールをはってもらおう
	ソメコとオニ	よんだらシールをはってもらおう		目の見えない犬ダン	よんだらシールをはってもらおう
	オリバーくん	よんだらシールをはってもらおう		ぶたばあちゃん	よんだらシールをはってもらおう
	番ねずみのヤカちゃん	よんだらシールをはってもらおう		トビウオの　ぼうやはびょうきです	よんだらシールをはってもらおう
	コートニー	よんだらシールをはってもらおう		カブトムシ・クワガタムシ	よんだらシールをはってもらおう
	ロバのシルベスターとまほうの小石	よんだらシールをはってもらおう		カマキリ	よんだらシールをはってもらおう
	くまのパディントン	よんだらシールをはってもらおう		世界のあいさつ	よんだらシールをはってもらおう
	エルマーのぼうけん	よんだらシールをはってもらおう		町のけんきゅう	よんだらシールをはってもらおう

6　ステージ別必読書④

~ひつ読図書の進め方~
① 下の中から読みたい本、まだ読んでいない本をえらぼう。
② 1冊読んだら読書カードを書こう。
③ 書いた読書カードを先生に見せて、シールをはってもらおう。
☆20さつ全部読めると、ステージ④はクリアだよ☆

名前

	本			本	
	しゃべる詩　あそぶ詩　きこえる詩	よんだらシールをはってもらおう		車のいろは空のいろ　白いぼうし	よんだらシールをはってもらおう
	ことわざショウ	よんだらシールをはってもらおう		おおきな木	よんだらシールをはってもらおう
	イギリスとアイルランドの昔話	よんだらシールをはってもらおう		おじいちゃんがおばけになったわけ	よんだらシールをはってもらおう
	銀のうでわ	よんだらシールをはってもらおう		サンゴ礁の世界	よんだらシールをはってもらおう
	シャーロットのおくりもの	よんだらシールをはってもらおう		いっぽんの鉛筆のむこうに	よんだらシールをはってもらおう
	デルトラ・クエスト1　ちんもくの森	よんだらシールをはってもらおう		あきらめないこと、それが冒険だ	よんだらシールをはってもらおう
	あらしのよるに	よんだらシールをはってもらおう		風の草原　トガリ山のぼうけん①	よんだらシールをはってもらおう
	クマのプーさん	よんだらシールをはってもらおう		ひろしまのピカ	よんだらシールをはってもらおう
	ふしぎなかぎばあさん	よんだらシールをはってもらおう		帰り道の1年	よんだらシールをはってもらおう
	じゅげむ	よんだらシールをはってもらおう		クマよ	よんだらシールをはってもらおう

7　ステージ別必読書⑤

~必読図書の進め方~
① 下の中から読みたい本、まだ読んでいない本を選ぼう。
② 1冊読んだら読書カードを書こう。
③ 書いた読書カードを先生に見せて、シールをはってもらおう。
☆20冊全部読めると、ステージ⑤はクリアだよ☆

名前

本		シール	本		シール
	わたしと小鳥とすずと	よんだらシールをはってもらおう		怪盗紳士	よんだらシールをはってもらおう
	日本の神話	よんだらシールをはってもらおう		あなたが世界を変える日	よんだらシールをはってもらおう
	御伽草子	よんだらシールをはってもらおう		ファーブル昆虫記1	よんだらシールをはってもらおう
	チームふたり	よんだらシールをはってもらおう		あなたの知らないミミズのはなし	よんだらシールをはってもらおう
	魔女の宅急便	よんだらシールをはってもらおう		タロ・ジロは生きていた	よんだらシールをはってもらおう
	ハッピーバースデー	よんだらシールをはってもらおう		トットちゃんとトットちゃんたち	よんだらシールをはってもらおう
	木を植えた男	よんだらシールをはってもらおう		ガラスのうさぎ	よんだらシールをはってもらおう
	見知らぬ町ふしぎな村	よんだらシールをはってもらおう		手塚治虫	よんだらシールをはってもらおう
	ローワンと魔法の地図	よんだらシールをはってもらおう		イチロー果てしなき夢	よんだらシールをはってもらおう
	精霊の守り人	よんだらシールをはってもらおう		おじいちゃんは水のにおいがした	よんだらシールをはってもらおう

8 ステージ別必読書⑥

~必読図書の進め方~
① 下の中から読みたい本、まだ読んでいない本を選ぼう。
② 1冊読んだら読書カードを書こう。
③ 書いた読書カードを先生に見せて、シールをはってもらおう。
☆20冊全部読めると、ステージ⑥はクリアだよ☆

名前

 草野心平詩集 蛙のうた — よんだらシールをはってもらおう
 ライオンと魔女 — よんだらシールをはってもらおう

もものかんづめ — よんだらシールをはってもらおう
名探偵ホームズ 赤毛組合 — よんだらシールをはってもらおう

 ギリシア神話 — よんだらシールをはってもらおう
 冒険者たち — よんだらシールをはってもらおう

 南総里見八犬伝 — よんだらシールをはってもらおう
 人はなぜ立ったのか？ — よんだらシールをはってもらおう

 西遊記（上） — よんだらシールをはってもらおう
 ひとしずくの水 — よんだらシールをはってもらおう

 オツベルと象 — よんだらシールをはってもらおう
 なぜ あらそうの？ — よんだらシールをはってもらおう

 空色勾玉 — よんだらシールをはってもらおう
 杉原千畝物語 — よんだらシールをはってもらおう

 獣の奏者1 — よんだらシールをはってもらおう
 ひらめき美術館 第1館 — よんだらシールをはってもらおう

 モモ — よんだらシールをはってもらおう
 雪の写真家 ベントレー — よんだらシールをはってもらおう

 西風号の遭難 — よんだらシールをはってもらおう
 五体不満足 — よんだらシールをはってもらおう

〈参考資料〉

1 「これからの学校図書館の整備充実について(報告)の概要」平成28年10月

これからの学校図書館の整備充実について(報告)の概要
平成28年10月 学校図書館の整備充実に関する調査研究協力者会議

検討の背景
○ これからの学校図書館の役割を踏まえ、学校図書館の運営に係る基本的な視点を整理する必要
○ 学校図書館法の一部改正法(平成26年6月)の附則において、学校司書としての資格・養成の在り方等について検討を行う旨の規定

1. 基本的な考え方
○ これからの学校図書館は、読書活動における利活用に加え、授業における様々な学習における利活用を通じて、子供たちの言語能力、情報活用能力等の育成を支え、主体的・対話的で深い学び(アクティブ・ラーニングの視点からの学び)を効果的に進める基盤としての役割が重要
○ 学校図書館に期待されている役割を果たすために、図書館資料の充実と、司書教諭及び学校司書の配置充実やその資質能力の向上の双方が重要

2. 現状における課題
○ 小学校における外国語教育、特別支援教育や外国人児童生徒に対する対応、主権者教育の推進など新たなニーズに応えられる図書館資料の整備が課題
○ 社会の変化や学問の進展により誤った情報を記載している図書がそのまま置かれていたりする状況も一部にあり、図書館資料の適切な廃棄・更新を行うことが課題
○ 学校司書が保有する資格や知識・技能等の状況は様々であり、その養成等の在り方が課題

3. 具体的な方策

① **学校図書館ガイドラインの作成**
○ 学校図書館の整備充実を図るため、学校図書館の運営上の重要な事項について、教育委員会や学校等にとって参考となるよう、その望ましい在り方を示す「学校図書館ガイドライン」を作成

(1) 学校図書館の目的・機能	(読書センター・学習センター・情報センターとしての機能)
(2) 学校図書館の運営	(校長は学校図書館長としてリーダーシップを発揮、可能な限り開館)
(3) 学校図書館の利活用	(児童生徒の読書活動や学習活動を充実)
(4) 学校図書館に携わる教職員等	(司書教諭と学校司書の連携・協力)
(5) 学校図書館における図書館資料	(新たなニーズへの対応、調和のとれた蔵書構成、適切な廃棄・更新)
(6) 学校図書館の施設	(調べ学習等での利活用ができるよう施設を整備・改善)
(7) 学校図書館の評価	(外部の視点を取り入れ、評価結果等を公表)

② **学校司書のモデルカリキュラムの作成**
○ 学校司書の養成は現行の司書や司書教諭の養成と同様に大学及び短期大学において担うことが適切
○ 学校司書に求められる知識・技能を整理した上で、それらの専門的知識・技能を習得できる望ましい科目・単位数等を示す「学校司書のモデルカリキュラム」を作成

学校図書館の運営・管理・サービスに関する科目	児童生徒に対する教育支援に関する科目
学校図書館概論	学校教育概論
図書館情報技術論　図書館情報資源概論	学習指導と学校図書館
情報資源組織論　情報資源組織演習	読書と豊かな人間性
学校図書館サービス論　学校図書館情報サービス論	

※ 網掛けの科目は学校司書の独自の科目、一部の科目は読み替えが可能

③ **今後求められる取組**
○ 国 → 学校図書館ガイドライン及び学校司書のモデルカリキュラムの周知や普及
○ 教育委員会等 → 学校図書館ガイドラインを踏まえた学校図書館の充実に向けた施策の推進

参考資料

2 「学校図書館ガイドライン」平成28年11月

28文科初第1172号
平成28年11月29日

各都道府県教育委員会教育長
各指定都市教育委員会教育長
各都道府県知事
附属学校を置く各国立大学法人学長　　　殿
小中高等学校を設置する学校設置会社を
所轄する構造改革特別区域法第12条第1項
の認定を受けた各地方公共団体の長

文部科学省初等中等教育局長
藤原　誠

学校図書館の整備充実について（通知）

　学校図書館は，学校図書館法において，学校教育において欠くことのできない基礎的な設備であり，学校の教育課程の展開に寄与するとともに，児童又は生徒の健全な教養を育成することを目的として設けられる学校の設備であるとされています。

　文部科学省では，学校図書館の運営に係る基本的な視点や学校司書の資格・養成等の在り方等について検討するため，「学校図書館の整備充実に関する調査研究協力者会議」を設置し，本年10月に「これからの学校図書館の整備充実について（報告）」（以下「本報告」という。）（別添参考資料）を取りまとめていただいたところです。

　このたび，本報告を踏まえ，文部科学省として，別添のとおり「学校図書館ガイドライン」（別添1）及び「学校司書のモデルカリキュラム」（別添2）を定めましたので，お知らせします。

　貴職におかれては，下記の事項に御留意いただくとともに，都道府県・指定都市教育委員会教育長にあっては所管の学校及び域内の市区町村教育委員会に対して，都道府県知事にあっては所轄の私立学校に対して，国立大学法人学長にあっては設置する附属学校に対して，株式会社立学校を認定した地方公共団体の長にあっては認可した学校に対して，本通知について周知を図るようお願いします。

記

1 「学校図書館ガイドライン」について
　「学校図書館ガイドライン」は，教育委員会や学校等にとって参考となるよう，学校図書館の運営上の重要な事項についてその望ましい在り方を示したものであること。本ガイドラインを参考に，学校図書館の整備充実を図ることが重要であること。

2 教育委員会等における取組
　（1）学校が学校図書館の機能を十分に利活用できるよう支援し，学校図書館の充実に向けた施策を推進することが重要であること。特に，図書館資料の面では，学校図書館図書標準を達成していない学校への達成に向けた支援や，廃棄・更新についての支援等が重要であること。

（2）司書教諭については，学校図書館法における司書教諭の配置に関する規定に基づき，12学級以上の学校に必ず司書教諭を配置することを徹底する必要があること。加えて，司書教諭が学校図書館に関する業務により専念できるよう，校務分掌上の工夫に取り組むとともに，11学級以下の学校における配置の推進にも積極的に取り組むことが重要であること。

（3）学校司書の配置については，職務が十分に果たせるよう，その充実に向けた取組とともに，学校司書の職務の内容が専門的知識及び技能を必要とするものであることから，継続的な勤務に基づく知識や経験の蓄積が求められることを踏まえ，一定の資質を備えた学校司書の配置やその支援を継続して行うことが重要であること。

また，「学校司書のモデルカリキュラム」は，学校司書が職務を遂行するに当たって，履修していることが望ましいものであり，教育委員会等においては，大学等における開講状況や学生等の履修状況等も踏まえつつ，将来的にモデルカリキュラムの履修者である学校司書を配置することが期待されること。

（4）司書教諭や学校司書を対象とした研修を実施するなど，その資質能力の向上を図ることが重要であること。研修内容等については，職務経験や能力に応じて研修内容の構成及び研修方法を工夫して設定することが重要であること。

3 学校における取組

（1）学校においては，校長のリーダーシップの下，学校図書館の適切な運営や利活用など学校図書館の充実に向けた取組を推進することが重要であること。

特に，学習指導要領等を踏まえ，学校図書館の機能を計画的に利活用し，児童生徒の主体的・意欲的な学習活動や読書活動を充実することが重要であること。

（2）学校図書館を利活用した授業に関する校内研修を計画的に実施することが重要であること。その際，研修内容や研修方法の工夫を図ることが有効であること。

（3）学校図書館の運営の改善のため，ＰＤＣＡサイクルの中で，読書活動など児童生徒の状況等を含め，学校図書館の評価を学校評価の一環として組織的に行い，評価結果に基づき，運営の改善を図ることが重要であること。

別添1 「学校図書館ガイドライン」

学校図書館をめぐる現状と課題を踏まえ，さらなる学校図書館の整備充実を図るため，教育委員会や学校等にとって参考となるよう，学校図書館の運営上の重要な事項についてその望ましい在り方を示す，「学校図書館ガイドライン」を定める。同ガイドラインは以下の構成とする。

（1）学校図書館の目的・機能
（2）学校図書館の運営
（3）学校図書館の利活用
（4）学校図書館に携わる教職員等
（5）学校図書館における図書館資料
（6）学校図書館の施設

参考資料

(7)学校図書館の評価

(1)学校図書館の目的・機能
○ 学校図書館は,学校図書館法に規定されているように,学校教育において欠くことのできない基礎的な設備であり,図書館資料を収集・整理・保存し,児童生徒及び教職員の利用に供することによって,学校の教育課程の展開に寄与するとともに児童生徒の健全な教養を育成することを目的としている。
○ 学校図書館は,児童生徒の読書活動や児童生徒への読書指導の場である「読書センター」としての機能と,児童生徒の学習活動を支援したり,授業の内容を豊かにしてその理解を深めたりする「学習センター」としての機能とともに,児童生徒や教職員の情報ニーズに対応したり,児童生徒の情報の収集・選択・活用能力を育成したりする「情報センター」としての機能を有している。

(2)学校図書館の運営
○ 校長は,学校図書館の館長としての役割も担っており,校長のリーダーシップの下,学校経営方針の具現化に向けて,学校は学校種,規模,児童生徒や地域の特性なども踏まえ,学校図書館全体計画を策定するとともに,同計画等に基づき,教職員の連携の下,計画的・組織的に学校図書館の運営がなされるよう努めることが望ましい。例えば,教育委員会が校長を学校図書館の館長として指名することも有効である。
○ 学校は,必要に応じて,学校図書館に関する校内組織等を設けて,学校図書館の円滑な運営を図るよう努めることが望ましい。図書委員等の児童生徒が学校図書館の運営に主体的に関わることも有効である。
○ 学校図書館は,可能な限り児童生徒や教職員が最大限自由に利活用できるよう,また,一時的に学級になじめない子供の居場所となりうること等も踏まえ,児童生徒の登校時から下校時までの開館に努めることが望ましい。また,登校日等の土曜日や長期休業日等にも学校図書館を開館し,児童生徒に読書や学習の場を提供することも有効である。
○ 学校図書館は,学校図書館便りや学校のホームページ等を通じて,児童生徒,教職員や家庭,地域など学校内外に対して,学校図書館の広報活動に取り組むよう努めることが望ましい。
○ 学校図書館は,他の学校の学校図書館,公共図書館,博物館,公民館,地域社会等と密接に連携を図り,協力するよう努めることが望ましい。また,学校図書館支援センターが設置されている場合には同センターとも密接に連携を図り,支援を受けることが有効である。

(3)学校図書館の利活用
○ 学校図書館は,児童生徒の興味・関心等に応じて,自発的・主体的に読書や学習を行う場であるとともに,読書等を介して創造的な活動を行う場である。このため,学校図書館は児童生徒が落ち着いて読書を行うことができる,安らぎのある環境や知的好奇心を醸成する開かれた学びの場としての環境を整えるよう努めることが望ましい。
○ 学校図書館は,児童生徒の学校内外での読書活動や学習活動,教職員の教育活動等を支援するため,図書等の館内・館外貸出しなど資料の提供を積極的に行うよう努めることが望ましい。また,学校図書館に所蔵していない必要な資料がある場合には,公共図書館や他の学校の学校図書館との相互貸借を行うよう努めることが望ましい。
○ 学校は,学習指導要領等を踏まえ,各教科等において,学校図書館の機能を計画的に利活用し,児童生徒の主体的・意欲的な学習活動や読書活動を充実するよう努めることが望ましい。その際,各教科等を横断的に捉え,学校図書館の利活用を基にした情報活用能力を学校全体として計画的かつ体系的に指導するよう努めることが望ましい。
○ 学校は,教育課程との関連を踏まえた学校図書館の利用指導・読書指導・情報活用に関する各種指導計画等に基

づき，計画的・継続的に学校図書館の利活用が図られるよう努めることが望ましい。
○　学校図書館は，教員の授業づくりや教材準備に関する支援や資料相談への対応など教員の教育活動への支援を行うよう努めることが望ましい。

(4) 学校図書館に携わる教職員等
○　学校図書館の運営に関わる主な教職員には，校長等の管理職，司書教諭や一般の教員（教諭等），学校司書等がおり，学校図書館がその機能を十分に発揮できるよう，各者がそれぞれの立場で求められている役割を果たした上で，互いに連携・協力し，組織的に取り組むよう努めることが望ましい。
○　校長は，学校教育における学校図書館の積極的な利活用に関して学校経営方針・計画に盛り込み，その方針を教職員に対し明示するなど，学校図書館の運営・活用・評価に関してリーダーシップを強く発揮するよう努めることが望ましい。
○　教員は，日々の授業等も含め，児童生徒の読書活動や学習活動等において学校図書館を積極的に活用して教育活動を充実するよう努めることが望ましい。
○　学校図書館がその機能を十分に発揮するためには，司書教諭と学校司書が，それぞれに求められる役割・職務に基づき，連携・協力を特に密にしつつ，協働して学校図書館の運営に当たるよう努めることが望ましい。具体的な職務分担については，各学校におけるそれぞれの配置状況等の実情や学校全体の校務のバランス等を考慮して柔軟に対応するよう努めることが望ましい。
○　司書教諭は，学校図書館の専門的職務をつかさどり，学校図書館の運営に関する総括，学校経営方針・計画等に基づいた学校図書館を活用した教育活動の企画・実施，年間読書指導計画・年間情報活用指導計画の立案，学校図書館に関する業務の連絡調整等に従事するよう努めることが望ましい。また，司書教諭は，学校図書館を活用した授業を実践するとともに，学校図書館を活用した授業における教育指導法や情報活用能力の育成等について積極的に他の教員に助言するよう努めることが望ましい。
○　学校司書は，学校図書館を運営していくために必要な専門的・技術的職務に従事するとともに，学校図書館を活用した授業やその他の教育活動を司書教諭や教員とともに進めるよう努めることが望ましい。具体的には，１　児童生徒や教員に対する「間接的支援」に関する職務，２　児童生徒や教員に対する「直接的支援」に関する職務，３　教育目標を達成するための「教育指導への支援」に関する職務という３つの観点に分けられる。
○　また，学校司書がその役割を果たすとともに，学校図書館の利活用が教育課程の展開に寄与するかたちで進むようにするためには，学校教職員の一員として，学校司書が職員会議や校内研修等に参加するなど，学校の教育活動全体の状況も把握した上で職務に当たることも有効である。
○　また，学校や地域の状況も踏まえ，学校司書の配置を進めつつ，地域のボランティアの方々の協力を得て，学校図書館の運営を行っていくことも有効である。特に特別支援学校の学校図書館においては，ボランティアの協力は重要な役割を果たしている。

(5) 学校図書館における図書館資料
１　図書館資料の種類
○　学校図書館の図書館資料には，図書資料のほか，雑誌，新聞，視聴覚資料（ＣＤ，ＤＶＤ等），電子資料（ＣＤ－ＲＯＭ，ネットワーク情報資源（ネットワークを介して得られる情報コンテンツ）等），ファイル資料，パンフレット，自校独自の資料，模型等の図書以外の資料が含まれる。
○　学校は，学校図書館が「読書センター」，「学習センター」，「情報センター」としての機能を発揮できるよう，学

参考資料

校図書館資料について，児童生徒の発達段階等を踏まえ，教育課程の展開に寄与するとともに，児童生徒の健全な教養の育成に資する資料構成と十分な資料規模を備えるよう努めることが望ましい。

○ 選挙権年齢の引下げ等に伴い，児童生徒が現実社会の諸課題について多面的・多角的に考察し，公正に判断する力等を身につけることが一層重要になっており，このような観点から，児童生徒の発達段階に応じて，新聞を教育に活用するために新聞の複数紙配備に努めることが望ましい。

○ 小学校英語を含め，とりわけ外国語教育においては特に音声等の教材に，理科等の他の教科においては動画等の教材に学習上の効果が見込まれることから，教育課程の展開に寄与するデジタル教材を図書館資料として充実するよう努めることが望ましい。

○ 発達障害を含む障害のある児童生徒や日本語能力に応じた支援を必要とする児童生徒の自立や社会参画に向けた主体的な取組を支援する観点から，児童生徒一人一人の教育的ニーズに応じた様々な形態の図書館資料を充実するよう努めることが望ましい。例えば，点字図書，音声図書，拡大文字図書，ＬＬブック，マルチメディアデイジー図書，外国語による図書，読書補助具，拡大読書器，電子図書等の整備も有効である。

2 図書館資料の選定・提供

○ 学校は，特色ある学校図書館づくりを推進するとともに，図書館資料の選定が適切に行われるよう，各学校において，明文化された選定の基準を定めるとともに，基準に沿った選定を組織的・計画的に行うよう努めることが望ましい。

○ 図書館資料の選定等は学校の教育活動の一部として行われるものであり，基準に沿った図書選定を行うための校内組織を整備し，学校組織として選定等を行うよう努めることが望ましい。

○ 学校は，図書館資料について，教育課程の展開に寄与するという観点から，文学（読み物）やマンガに過度に偏ることなく，自然科学や社会科学等の分野の図書館資料の割合を高めるなど，児童生徒及び教職員のニーズに応じた偏りのない調和のとれた蔵書構成となるよう選定に努めることが望ましい。

○ 学校図書館は，必要に応じて，公共図書館や他の学校の学校図書館との相互貸借を行うとともに，インターネット等も活用して資料を収集・提供することも有効である。

3 図書館資料の整理・配架

○ 学校は，図書館資料について，児童生徒及び教職員がこれを有効に利活用できるように原則として日本十進分類法（ＮＤＣ）により整理し，開架式により，配架するよう努めることが望ましい。

○ 図書館資料を整理し，利用者の利便性を高めるために，目録を整備し，蔵書のデータベース化を図り，貸出し・返却手続及び統計作業等を迅速に行えるよう努めることが望ましい。また，地域内の学校図書館において同一の蔵書管理システムを導入し，ネットワーク化を図ることも有効である。

○ 館内の配架地図や館内のサイン，書架の見出しを設置するなど，児童生徒が自ら資料を探すことができるように配慮・工夫することや，季節や学習内容に応じた掲示・展示やコーナーの設置などにより，児童生徒の読書意欲の喚起，調べ学習や探究的な学習に資するように配慮・工夫するよう努めることが望ましい。また，学校図書館に，模型や実物，児童生徒の作品等の学習成果物を掲示・展示することも有効である。

○ 学校図書館の充実が基本であるが，児童生徒が気軽に利活用できるよう，図書館資料の一部を学級文庫等に分散配架することも有効である。なお，分散配架した図書も学校図書館の図書館資料に含まれるものであり，学校図書館運営の一環として管理するよう努めることが望ましい。

4 図書館資料の廃棄・更新
○ 学校図書館には，刊行後時間の経過とともに誤った情報を記載していることが明白になった図書や，汚損や破損により修理が不可能となり利用できなくなった図書等が配架されている例もあるが，学校は，児童生徒にとって正しい情報や図書館資料に触れる環境整備の観点や読書衛生の観点から適切な廃棄・更新に努めることが望ましい。
○ 図書館資料の廃棄と更新が適切に行われるよう，各学校等において，明文化された廃棄の基準を定めるとともに，基準に沿った廃棄・更新を組織的・計画的に行うよう努めることが望ましい。
○ 廃棄と更新を進めるに当たって，貴重な資料が失われないようにするために，自校に関する資料や郷土資料など学校図書館での利用・保存が困難な貴重な資料については，公共図書館等に移管することも考えられる。

（6）学校図書館の施設
○ 文部科学省では，学校施設について，学校教育を進める上で必要な施設機能を確保するために，計画及び設計における留意事項を学校種ごとに「学校施設整備指針」として示している。この学校施設整備指針において，学校図書館の施設についても記述されており，学校図書館の施設については，学校施設整備指針に留意して整備・改善していくよう努めることが望ましい。
○ また，これからの学校図書館には，主体的・対話的で深い学び（アクティブ・ラーニングの視点からの学び）を効果的に進める基盤としての役割も期待されており，例えば，児童生徒がグループ別の調べ学習等において，課題の発見・解決に向けて必要な資料・情報の活用を通じた学習活動等を行うことができるよう，学校図書館の施設を整備・改善していくよう努めることが望ましい。

（7）学校図書館の評価
○ 学校図書館の運営の改善のため，PDCAサイクルの中で校長は学校図書館の館長として，学校図書館の評価を学校評価の一環として組織的に行い，評価結果に基づき，運営の改善を図るよう努めることが望ましい。
○ 評価に当たっては，学校関係者評価の一環として外部の視点を取り入れるとともに，評価結果や評価結果を踏まえた改善の方向性等の公表に努めることが望ましい。また，コミュニティ・スクールにおいては，評価に当たって学校運営協議会を活用することも考えられる。
○ 評価は，図書館資料の状況（蔵書冊数，蔵書構成，更新状況等），学校図書館の利活用の状況（授業での活用状況，開館状況等），児童生徒の状況（利用状況，貸出冊数，読書に対する関心・意欲・態度，学力の状況等）等について行うよう努めることが望ましい。評価に当たっては，アウトプット（学校目線の成果）・アウトカム（児童生徒目線の成果）の観点から行うことが望ましいが，それらを支える学校図書館のインプット（施設・設備，予算，人員等）の観点にも十分配慮するよう努めることが望ましい。

お問合せ先
初等中等教育局児童生徒課

参考資料

3 「学校司書のモデルカリキュラム」平成28年11月

別添2

「学校司書のモデルカリキュラム」

	科目名	司書	教職課程	司書教諭	単位数
学校図書館の運営・管理・サービスに関する科目	学校図書館概論			※	2
	図書館情報技術論	○			2
	図書館情報資源概論	○			2
	情報資源組織論	○			2
	情報資源組織演習	○			2
	学校図書館サービス論				2
	学校図書館情報サービス論	※			2
児童生徒に対する教育支援に関する科目	学校教育概論		※		2
	学習指導と学校図書館			○	2
	読書と豊かな人間性			○	2

なお、単位の計算方法は、大学設置基準等によるものとする。　　　　計　20

※「学校図書館概論」は、司書教諭の科目「学校経営と学校図書館」を履修した場合には、「学校図書館概論」を履修したものと読み替えることも可能とする。
※「学校図書館情報サービス論」は、司書資格の科目「情報サービス論」又は「情報サービス演習」において「学校図書館情報サービス論」の内容のうち1)、5)、6)の内容を含んだ科目として、この2科目を履修した場合には、「学校図書館情報サービス論」を履修したものと読み替えることも可能とする。
※「学校教育概論」は、教職に関する科目のうち、以下の内容を含む科目を履修した場合には、「学校教育概論」を履修したものと読み替えることも可能とする。
・教育の基礎理論に関する科目のうち、「教育の理念並びに教育に関する歴史及び思想」の事項を含む科目
・教育の基礎理論に関する科目のうち、「幼児、児童及び生徒の心身の発達及び学習の過程（障害のある幼児、児童及び生徒の心身の発達及び学習の過程を含む。）」の事項を含む科目
・教育課程及び指導法に関する科目のうち、「教育課程の意義及び編成の方法」の事項を含む科目

学校司書のモデルカリキュラムのねらいと内容

	科目名	ねらい	内容
学校図書館の運営・管理・サービスに関する科目	学校図書館概論	学校図書館の教育的意義や学校司書の職務などの基本的事項についての理解を図る。	1）学校図書館の理念と教育意義 2）教育行政と学校図書館 3）学校経営における学校図書館 4）学校図書館の経営（人，資料，予算，評価等） 5）学校図書館の施設・設備 6）学校司書の職務（教育指導への支援を含む）と教職員との協働，研修 7）学校図書館メディアの選択と管理，提供 8）学校図書館活動 9）図書館の相互協力とネットワーク
	図書館情報技術論	図書館業務に必要な基礎的な情報技術を習得するために，コンピュータ等の基礎，図書館業務システム，データベース，検索エンジン，電子資料，コンピュータシステム等について解説し，必要に応じて演習を行う。	1）コンピュータとネットワークの基礎 2）情報技術と社会 3）図書館における情報技術活用の現状 4）図書館業務システムの仕組み（ホームページによる情報の発信を含む） 5）データベースの仕組み 6）検索エンジンの仕組み 7）電子資料の管理技術 8）コンピュータシステムの管理（ネットワークセキュリティ，ソフトウエア及びデータ管理を含む） 9）デジタルアーカイブ 10）最新の情報技術と図書館
	図書館情報資源概論	印刷資料・非印刷資料・電子資料とネットワーク情報資源からなる図書館情報資源について，類型と特質，歴史，生産，流通，選択，収集，保存，図書館業務に必要な情報資源に関する知識等の基本を解説する。	1）印刷資料・非印刷資料の類型と特質（図書・雑誌・新聞，主要な一次・二次資料，資料の歴史を含む） 2）電子資料，ネットワーク情報資源の類型と特質 3）地域資料，行政資料（政府刊行物），灰色文献 4）情報資源の生産（出版）と流通（主な出版社に関する基本的知識を含む） 5）図書館業務と情報資源に関する知識（主な著者に関する基本的知識を含む） 6）コレクション形成の理論（資料の選択・収集・評価） 7）コレクション形成の方法（選択ツールの利用，選定・評価） 8）人文・社会科学分野の情報資源とその特性 9）科学技術分野，生活分野の情報資源とその特性 10）資料の受入・除籍・保存・管理（装備・補修・排架・展示・点検等を含む）
	情報資源組織論	印刷資料・非印刷資料・電子資料とネットワーク情報資源からなる図書館情報資源の組織化の理論と技術について，書誌コントロール，書誌記述法，主題分析，メタデータ，書誌データの活用法等を解説する。	1）情報資源組織化の意義と理論 2）書誌コントロールと標準化 3）書誌記述法（主要な書誌記述規則） 4）主題分析の意義と考え方 5）主題分析と分類法（主要な分類法） 6）主題分析と索引法（主要な統制語彙） 7）書誌情報の作成と流通（MARC，書誌ユーティリティ） 8）書誌情報の提供（OPACの管理と運用） 9）ネットワーク情報資源の組織化とメタデータ 10）多様な情報資源の組織化（地域資料，行政資料等）
	情報資源組織演習	多様な情報資源に関する書誌データの作成，主題分析，分類作業，統制語彙の適用，メタデータの作成等の演習を通して，情報資源組織業務について実践的な能力を養成する。	1）書誌データ作成の実際 2）主題分析と分類作業の実際 3）主題分析と統制語彙適用の実際 4）集中化・共同化による書誌データ作成の実際 5）書誌データ管理・検索システムの構築 6）ネットワーク情報資源のメタデータ作成の実際

参考資料

4 平成29年版 小学校学習指導要領―読解力・学校図書館に関する能力(抜粋)

【小学校総則】

第1 小学校教育の基本と教育課程の役割
2 (1)基礎的・基本的な知識及び技能を確実に習得させ、これらを活用して課題を解決するために必要な思考力、判断力、表現力等を育むとともに、主体的に学習に取り組む態度を養い、個性を生かし多様な人々との協働を促す教育の充実に努めること。その際、児童の発達の段階を考慮して、児童の言語活動など、学習の基盤をつくる活動を充実するとともに、家庭との連携を図りながら、児童の学習習慣が確立するよう配慮すること。
3 2の(1)から(3)までに掲げる内容の実現を図り、豊かな創造性を備え持続可能な社会の創り手になることが期待される児童に、生きる力を育むことを目指すに当たっては、学校教育全体並びに各教科、道徳科、外国語活動、総合的な学習の時間及び特別活動(以下「各教科等」という。ただし、第2の3の(2)のア及びウにおいて、特別活動については学級活動(学校給食に係るものを除く。)に限る。)の指導を通してどのような資質・能力の育成を目指すのかを明確にしながら、教育活動の充実を図るものとする。その際、児童の発達の段階や特性等を踏まえつつ、次に掲げることが偏りなく実現できるようにするものとする。
(1) 知識及び技能が習得されるようにすること。
(2) 思考力、判断力、表現力等を育成すること。
(3) 学びに向かう力、人間性等を涵養すること。
第3 教育課程の実施と学習評価
1 主体的・対話的で深い学びの実現に向けた授業改善
(3) 第2の2の(1)に示す情報活用能力の育成を図るため、各学校において、コンピュータや情報通信ネットワークなどの情報手段を活用するために必要な環境を整え、これらを適切に活用した学習活動の充実を図ること。また、各種の統計資料や新聞、視聴覚教材や教育機器などの教材・教具の適切な活用を図ること。
(7) 学校図書館を計画的に利用しその機能の活用を図り、児童の主体的・対話的で深い学びの実現に向けた授業改善に生かすとともに、児童の自主的、自発的な学習活動や読書活動を充実すること。また、地域の図書館や博物館、美術館、劇場、音楽堂等の施設の活用を積極的に図り、資料を活用した情報の収集や鑑賞等の学習活動を充実すること。

【小学校国語】

		〔第1学年及び第2学年〕	〔第3学年及び第4学年〕	〔第5学年及び第6学年〕
1 目標				
		(3) 言葉がもつよさを感じるとともに、楽しんで読書をし、国語を大切にして、思いや考えを伝え合おうとする態度を養う。	(3) 言葉がもつよさに気付くとともに、幅広く読書をし、国語を大切にして、思いや考えを伝え合おうとする態度を養う。	(3) 言葉がもつよさを認識するとともに、進んで読書をし、国語の大切さを自覚して、思いや考えを伝え合おうとする態度を養う。
2 内容				
〔知識及び技能〕	(1) 言葉の特徴や使い方に関する次の事項を身に付けることができるよう指導する。			
		ク 語のまとまりや言葉の響きなどに気を付けて音読すること	ク 文章全体の構成や内容の大体を意識しながら音読すること	ク 比喩や反復などの表現の工夫に気付くこと。

	と。	と。	ケ 文章を音読したり朗読したりすること。
	(2) 話や文章に含まれている情報の扱い方に関する次の事項を身に付けることができるよう指導する。			
	ア 共通，相違，事柄の順序など情報と情報との関係について理解すること。	ア 考えとそれを支える理由や事例，全体と中心など情報と情報との関係について理解すること。 イ 比較や分類の仕方，必要な語句などの書き留め方，引用の仕方や出典の示し方，辞書や事典の使い方を理解し使うこと。	ア 原因と結果など情報と情報との関係について理解すること。 イ 情報と情報との関係付けの仕方，図などによる語句と語句との関係の表し方を理解し使うこと。
	(3) 我が国の言語文化に関する次の事項を身に付けることができるよう指導する。			
	ア 昔話や神話・伝承などの読み聞かせを聞くなどして，我が国の伝統的な言語文化に親しむこと。 エ 読書に親しみ，いろいろな本があることを知ること。	ア 易しい文語調の短歌や俳句を音読したり暗唱したりするなどして，言葉の響きやリズムに親しむこと。 オ 幅広く読書に親しみ，読書が，必要な知識や情報を得ることに役立つことに気付くこと。	ア 親しみやすい古文や漢文，近代以降の文語調の文章を音読するなどして，言葉の響きやリズムに親しむこと。 イ 古典について解説した文章を読んだり作品の内容の大体を知ったりすることを通して，昔の人のものの見方や感じ方を知ること。 オ 日常的に読書に親しみ，読書が，自分の考えを広げることに役立つことに気付くこと。
〔思考力，判断力，表現力等〕	C 読むこと (1) 読むことに関する次の事項を身に付けることができるよう指導する。			
	ア 時間的な順序や事柄の順序などを考えながら，内容の大体を捉えること。 イ 場面の様子や登場人物の行動など，内容の大体を捉えること。 ウ 文章の中の重要な語や文を考えて選び出すこと。 エ 場面の様子に着目して，登場人物の行動を具体的に想像すること。 オ 文章の内容と自分の体験とを結び付けて，感想をもつこと。 カ 文章を読んで感じたことや分かったことを共有すること。	ア 段落相互の関係に着目しながら，考えとそれを支える理由や事例との関係などについて，叙述を基に捉えること。 イ 登場人物の行動や気持ちなどについて，叙述を基に捉えること。 ウ 目的を意識して，中心となる語や文を見付けて要約すること。 エ 登場人物の気持ちの変化や性格，情景について，場面の移り変わりと結び付けて具体的に想像すること。 オ 文章を読んで理解したことに基づいて，感想や考えをも	ア 事実と感想，意見などとの関係を叙述を基に押さえ，文章全体の構成を捉えて要旨を把握すること。 イ 登場人物の相互関係や心情などについて，描写を基に捉えること。 ウ 目的に応じて，文章と図表などを結び付けるなどして必要な情報を見付けたり，論の進め方について考えたりすること。 エ 人物像や物語などの全体像を具体的に想像したり，表現の効果を考えたりすること。 オ 文章を読んで理解したこと

			つこと。 カ 文章を読んで感じたことや考えたことを共有し，一人一人の感じ方などに違いがあることに気付くこと。	に基づいて，自分の考えをまとめること。 カ 文章を読んでまとめた意見や感想を共有し，自分の考えを広げること。
		(2) (1)に示す事項については，例えば，次のような言語活動を通して指導するものとする。		
		ア 事物の仕組みを説明した文章などを読み，分かったことや考えたことを述べる活動。 イ 読み聞かせを聞いたり物語などを読んだりして，内容や感想などを伝え合ったり，演じたりする活動。 ウ 学校図書館などを利用し，図鑑や科学的なことについて書いた本などを読み，分かったことなどを説明する活動。	ア 記録や報告などの文章を読み，文章の一部を引用して，分かったことや考えたことを説明したり，意見を述べたりする活動。 イ 詩や物語などを読み，内容を説明したり，考えたことなどを伝え合ったりする活動。 ウ 学校図書館などを利用し，事典や図鑑などから情報を得て，分かったことなどをまとめて説明する活動。	ア 説明や解説などの文章を比較するなどして読み，分かったことや考えたことを，話し合ったり文章にまとめたりする活動。 イ 詩や物語，伝記などを読み，内容を説明したり，自分の生き方などについて考えたことを伝え合ったりする活動。 ウ 学校図書館などを利用し，複数の本や新聞などを活用して，調べたり考えたりしたことを報告する活動。
第3 指導計画の作成と内容の取扱い	1 指導計画の作成に当たっては，次の事項に配慮するものとする。			
	(6) 第2の第1学年及び第2学年の内容の〔知識及び技能〕の（3）のエ，第3学年及び第4学年，第5学年及び第6学年の内容の〔知識及び技能〕の（3）のオ及び各学年の内容の〔思考力，判断力，表現力等〕の「C読むこと」に関する指導については，読書意欲を高め，日常生活において読書活動を活発に行うようにするとともに，他教科等の学習における読書の指導や学校図書館における指導との関連を考えて行うこと。			
	2 第2の内容の取扱いについては，次の事項に配慮するものとする。			
	(3) 第2の内容の指導に当たっては，学校図書館などを目的をもって計画的に利用しその機能の活用を図るようにすること。その際，本などの種類や配置，探し方について指導するなど，児童が必要な本などを選ぶことができるよう配慮すること。なお，児童が読む図書については，人間形成のため偏りがないよう配慮して選定すること。			
	3 教材については，次の事項に留意するものとする。			
	(1) 教材は，第2の各学年の目標及び内容に示す資質・能力を偏りなく養うことや読書に親しむ態度の育成を通して読書習慣を形成することをねらいとし，児童の発達の段階に即して適切な話題や題材を精選して調和的に取り上げること。また，第2の各学年の内容の〔思考力，判断力，表現力等〕の「A話すこと・聞くこと」，「B書くこと」及び「C読むこと」のそれぞれの（2）に掲げる言語活動が十分行われるよう教材を選定すること。 (3) 第2の各学年の内容の〔思考力，判断力，表現力等〕の「C読むこと」の教材については，各学年で説明的な文章や文学的な文章などの文章形態を調和的に取り扱うこと。また，説明的な文章については，適宜，図表や写真などを含むものを取り上げること。			

【編著者紹介】
井上　一郎（いのうえ　いちろう）
国語教育学を基盤に教育改革を目指すフリーの教育学者。奈良教育大学助教授，神戸大学教授，文部科学省初等中等教育局教育課程課教科調査官，国立教育政策研究所教育課程研究センター研究開発部教育課程調査官・学力調査官，京都女子大学教授歴任。

〈主な著書・編著書〉（出版社：すべて明治図書，特記除く）
『読解力を伸ばす読書活動―カリキュラム作りと授業作り』2005，エッセイ集『子ども時代』2007，『書く力の基本を定着させる授業』2007，『話す力・聞く力の基礎・基本』2008，エッセイ集『教師のプライド』東洋館出版社，2009，『学校図書館改造プロジェクト』2013，『記述力がめきめき伸びる！小学生の作文技術』2013，『学力がグーンとアップする！自学力育成プログラム』井上一郎，永池啓子共編，2014，『読解力を育てる！小学校国語定番教材の発問モデル』物語文編，説明文編，2015，『読書活動でアクティブに読む力を育てる！小学校国語科言語活動アイデア＆ワーク』井上一郎編，古川元視著，2015，『小学校国語科汎用的能力を高めるアクティブ・ラーニングサポートワーク』2015。

【著者紹介】
古川　元視（ふるかわ　もとみ）
佐賀県唐津市立相知小学校校長。小学校教諭，佐賀県教育庁学校教育課指導主事などを経て，平成28年度から現職。国立教育政策研究所「全国的・総合的学力調査」企画委員，及び「全国学力・学習状況調査問題」作成・分析委員などを歴任。平成22年には，博報賞（国語・日本語教育部門）受賞。『思考力・読解力アップの新空間！学校図書館改造プロジェクト』2013，『読解力を育てる！小学校国語　定番教材の発問モデル　説明文編』2015，『読書活動でアクティブに読む力を育てる！小学校国語科言語活動アイデア＆ワーク』2015（いずれも井上一郎編著，明治図書）などを分担執筆している。

〔本文イラスト〕木村美穂

アクティブ・ラーニングをサポートする！
学校図書館活用プロジェクト
掲示ポスター＆ポイントシート事典

2017年7月初版第1刷刊	©編著者	井　上　一　郎	
	著　者	古　川　元　視	
	発行者	藤　原　光　政	
	発行所	明治図書出版株式会社	

http://www.meijitosho.co.jp
（企画）木山麻衣子（校正）㈱東図企画
〒114-0023　東京都北区滝野川7-46-1
振替00160-5-151318　電話03(5907)6702
ご注文窓口　電話03(5907)6668

＊検印省略　　　　　組版所　藤原印刷株式会社
本書の無断コピーは，著作権・出版権にふれます。ご注意ください。

Printed in Japan　　　　　ISBN978-4-18-218513-7

もれなくクーポンがもらえる！読者アンケートはこちらから →